예배가 답이다

하나님을 만나는 최고 최상의 예배

WORSHIP

예배가 답이다

공진수 지음

IS THE KEY

규장

프롤로그

참된 예배자의 여정이 시작되다!!

하나님은 하나님의 때에 하나님의 일을 하신다. 하나님께서는 하나님의 때에 반드시, 그리고 정확하게 하나님의 일을 하신다. 하나님께서 정하셨다면 누구도 막을 수 없다.

나는 여호와이니 이는 내 이름이라 나는 내 영광을 다른 자에게, 내 찬송을 우상에게 주지 아니하리라 사 42:8

하나님은 반드시 당신의 피조 세계와 피조물들을 통해 영광받으시기를 원하며 결국 반드시 그렇게 이루실 것이다. 만약 아무도 예배하지 않는다면 돌들을 통해서라도 예배를 받으실 것이다. 그만큼 하나님께 예배는 중요하다. 그만큼 하나님께 예배는 소중하다.

예배란 천지를 지으시고 만물을 조성하신 하나님의 창조 목적이며, 인간 존재의 이유이자 인간이 살아가야 할 가장 큰 목적이다. 모든 사람에게는 태어날 때부터 누군가를 예배하도록 지어진 예배 본능이 있다. 본능이란, 날 때부터 몸 안에 내재되어 있는 거부할 수 없는 강력한 힘이다. 바뀔 수도, 거스를 수도 없으며, 그렇게 하지 않을 수 없는 태생적인 힘이다.

모든 사람에게는 예배의 본능이 있다.
모든 사람에게는 예배의 갈망이 있다.

The First & The Best

앙투안 드 생텍쥐페리의 《어린왕자》에 어린 왕자가 여우와 나누는 의미 있는 대화가 등장한다.

네가 오후 4시에 온다면 나는 3시부터 행복할 거야.
4시에 가까워질수록 나는 점점 더 행복해지겠지.

나는 기회가 될 때마다 예배에 참석한 성도들에게 이렇게 말씀드린다.

"오늘 주일 11시 30분 예배에 참석하신 분들의 예배 시작 시간은 11시 30분이 아닙니다. 오늘 예배에 오시기 위해 준비를 시작하신 그 순간부터 예배는 이미 시작되었습니다. 하나님을 향한 예배와 교회를 향한 마음이 시작되는 바로 그 순간부터, 예배 참석을 위해 몸을 씻고 옷을 갈아입고 차에 올라 교회를 향하는 바로 그 순간부터 성도님들의 예배는 이미 시작되었습니다. 하나님께서도 그때부터 이미 우리의 예배를 받기 시작하셨으며, 우리를 향한 하나님의 응답 역시 이미 진행 중에 있습니다."

만남을 준비하는 순간부터 이미 만남은 시작된다. 소중한 사람을 만나기 직전에 가장 설렌다. 소중한 사람을 만나기 직전에 심박수가 최고치에 이른다. 가장 소중한 사람을 만나는 찰나의 순간도 영원의 순간이 된다.

예배란 하나님을 최우선으로(the First), 그리고 최고로(the Best) 만나는 만남이다. 하나님을 갈망하고 사모하는 일은 이 땅의 모든 예배자가 할 수 있는 가장 위대하고 아름다운 행동이다.

하나님을 만나는 예배를 경험하라

수영은 책으로 읽거나 유튜브 영상을 본다고 배울 수 없다. 수영을 배우기 위해서 가장 먼저 해야 하는 일은 물에 빠지는 것이다. 직접 물에 들어가 물과 접촉하며 팔을 휘젓고 물장구를 치고 호흡법을 익혀야 수영을 배울 수 있다. 수영은 실제이고 실전이며, 곧 실행이고 실천이다. 그러니까 수영은 물이 있는 현장에서만 배울 수 있다. 그것도 한 번이 아니라 수십 번, 수백 번 물에 들어가 실패를 거듭하는 반복된 연습을 통해서만 수영 실력이 향상된다.

용기 역시 마찬가지이다. "하나님, 저에게 용기를 주세요!"라고 간절히 기도하면 하나님께서 "옜다, 여기 '용기' 있다!" 하고 용기를 던져주시는 것이 아니다. 하나님은 용기를 달라고 기도하는 우리를 두려움과 공포가 가득한 광야 한복판에 내던지신다. 가슴이 뛰고 숨쉬기 버거운 공포의 현장 한가운데서, 떨리는 무릎을 일으켜 두려움을 마주할 용기를 내면서 비로소 우리는 용기를 배울 수 있다.

믿음 역시 마찬가지이다. 믿음은 도저히 믿을 수 없고, 아무도 믿고 싶지 않은 불신의 현장에서 가장 필요한 영적 도구이다. 찬송가 가사처럼 "이 눈에 아무 증거 아니 뵈어도, 이 귀에 아무 소리 아니 들려도" 믿음을 가지고 앞으로 나아가는 것이다. 다 알고 가는 것은 믿음이 아니다. 누가 봐도 확실히 보장된 길, 안전하고 든든한 길, 몇 번을 확인해도 틀림없고 확실한 길을 가는 것은 믿음이 아니다. 그런 일은 누구나 할 수 있고, 아무 때나 할 수 있다. 그런 일에는 굳이 믿음이 필요하지 않다. 그런 조건에서는 믿음이라는 신비한 하늘의 힘을 절대로 경험할 수 없다.

'예배'에도 동일한 원리가 적용된다. 예배 역시 현실이고 현장이다. 실제이고 실천이다. 예배는 오직 예배 현장에서만 배울 수 있다. 예배는 오직 살아 계신 하나님을 체험하며 경험할 수 있다. 나의 예배 실력은 얼마나 깊은 하나님의 임재와 통치를, 얼마나 많이, 얼마나 자주 경험했느냐에 달려 있다. 예배는 하나님을 체험하며 성장하고, 하나님의 임재를 통해서만 완성된다. 살아 있는 예배를 통해서만 믿음이 자라고, 살아 있는 예배를 통해서만 고난을 돌파할 수 있다. 오직 예배를 통해서만 하나님을 경험할 수 있다. 반드시 그렇다. 반드시 그렇게 된다.

참된 예배가 주는 위로와 감동, 찔림

참된 예배를 드릴 때 예배자에게는 두 가지 현상이 나타난다. 첫 번째는 위로와 감동이요, 두 번째는 찔림이다. 우리 하나님은 자체가 사랑 덩어리이시다. 우리가 믿는 하나님은 사랑의 하나님, 은혜와 자비가 무한하신 하나님이다. 참된 예배에 하나님의 임재가 임하면 누구한테서도 받아보지 못한 감당할 수 없는 은혜가 임한다. 내 아픔, 내 고통, 내 눈물, 내 억울함, 내 수치에 대한 충분한 위로를 받고, 깊은 공감을 얻고, 그로 인한 치유와 회복이 일어난다.

너 그동안 정말 많이 힘들었구나.
얼마나 아팠니? 얼마나 외로웠어?
내가 너의 눈물을 기억한다.
내가 너의 아픔과 수고를 모두 알고 있다.

위로부터 내리는 하나님의 따뜻한 위로와 사랑이 나를 묶고 있던 죄와 분노와 상처를 일순간에 녹아내리게 한다. 허무하다고 생각했던 수고와 희생과 열심들이 한순간에 채워지고 보상을 받으며, 돌같이 굳은 마음이 살같이 부드러운 마음이 된다.

예배를 통해 주시는 또 하나의 유익은 아프고 깊은 찔림이다. 빛이 비춰면 감추었던 어둠의 실체가 드러난다. 빛이 비춰면 산 위에 있는 동네가 숨겨지지 않는다. 꾹꾹 누르고 감추었던 거짓과 추함, 비굴함과 오만이 발각된다.

그러나 찔림을 받는 것이 은혜이다. 예리한 말씀의 검이 심령과 골수를 찔러 쪼갤 때 혼이 비명을 지르고, 마음이 창피를 당하고, 자존심이 곤두박질친다. 그럼에도 예리한 말씀의 검은 한 치도 물러서지 않고 예배자들의 깊은 죄악과 상처들을 서걱서걱 베어 신속하고 깔끔하게 도려낸다. 그래서 때로 불편한 예배에 은혜가 있다. 말씀을 듣다가 예배당 문을 박차고 나가고 싶을 만큼, 자존심이 뭉개지고 얼굴이 벌게진다. 부끄러움이 회복되는 예배가 진짜 예배이다.

찔림이 있는 예배에는 간혹 비명이 터져 나온다. 온몸을 데굴데굴 구르며 몸부림을 치는 사람들도 있다. 몹시 불편하고 불쾌하며 분노가 치밀어 오르기도 한다. 그런데 그런 예배에 은혜가 있다. 그런 예배에 하나님의 팔이 역동적으로 움직이며 일하신다.

영원의 예배를 갈망하며

"지금 나는 왜 예배에 대한 책을 쓰고 있는가?" 스스로에게 질문해보았다. 대답은 분명했다. 이 글을 읽고 모든 분들이 '참된 예배자'가 되기를 소망하기 때문이다. 모든 분들이 예배를 통해 '인생의 답'을 얻는 기쁨을 체험하기 바란다. 무엇보다 이 책을 읽다가 책을 내려놓고, 그 자리에서 예배를 시작하여 하나님을 만나게 되기를 간절히 기도한다.

책을 읽는 것보다 중요한 것이 예배하는 것이다. 일보다 더 중요한 것이 내 예배가 살아나는 것이다. 사람을 만나고 사람을 사랑하는 일보다 더 중요한 것이 예배의 자리에서 하나님의 임재 가운데 머무는 것이다.

나는 이 책이 불이 되어 독자들의 심령 속에 거룩한 불길이 활활 타올랐으면 좋겠다. 이 책이 독자들의 영을 다시 생기로 충만하게 하는 거룩한 바람이 되면 좋겠다. 이 책이 잠자고 있던 영혼을 깨어나게 하는 깊은 울림이 되면 좋겠다. 이 책을 통해 그런 예배의 효과(Worship Effect)가 일어나기를, 그런 예배의 충격(Worship Impact)이 일어나도록 하나님께서 이 책을 사용해주시기를 기도한다.

오직 하나님만 주인 되시고 하나님만 드러나시는 예배를 사모한다. 한순간도 놓치고 싶지 않은 영원의 예배를 갈망하고 또 갈망한다. 그런 예배를 평생 그리고 영원히 드리고 싶은 예배자의 마음으로 이 책과 함께 예배자의 여정을 시작하시면 좋겠다.

공진수

WORSHIP

프롤로그

PART 1 — 예배는 치유와 회복의 시공간이다

- 01 예배의 공기와 흐름이 바뀌다 … 17
- 02 이보다 더 큰 은혜가 필요한가 … 35
- 03 예배를 통해 배우는 치유 사역 … 53

PART 2 — 예배는 하나님과의 만남이다

- 04 예배를 통한 부르심의 시작 … 77
- 05 가정 사역자에서 예배 사역자로 … 93
- 06 예배의 신비, 만남의 신비 … 119

차례

PART 3 예배는 예배자 한 사람의 변화다

07	탈진이라는 복병을 만나다	149
08	예배의 목표는 한 영혼의 변화다	169
09	예배가 회복된 여인의 이야기	191
10	사랑하라 그리고 예배하라	237

PART 1

예배는 치유와 회복의 시공간이다

01

예배의 공기와 흐름이 바뀌다

코로나 이후 다시 시작된 성령집회

2023년 3월 12일, 목양교회의 성령집회가 다시 시작되었다. 나는 2014년 목양교회 담임목사로 부임하자마자 매주 수요일 저녁마다 10주에 걸쳐서 '예배드림 성령집회'로 예배를 드렸다. 성령집회에 대한 성도들의 반응은 매우 좋았다. '예배드림 성령집회'를 계기로 목양교회에 새로운 부흥이 시작되었다. 그러나 2020년 2월에 시작된 코로나로 현장 예배는 위축되었고, 성령집회는 기약 없이 뒤로 미뤄지게 되었다.

2023년은 내가 목양교회에 부임한 지 10년이 되는 해였다. 10년 동안 목양교회 목회를 허락하신 은혜에 너무 감사해서 코로나로 멈추었던 성령집회를 다시 시작해볼 마음으로 2023년 3월 3주간에 걸쳐서 성령집회를 열었다. 사실은 그게 다였다. 그 이상도 이하도 아니었다.

그러나 하나님의 생각은 다르셨다. 코로나 이후, 오랜만에 시작된 성령집회는 시작 전부터 이미 본당 500석이 가득 찼다. 성령집회 첫날, 첫 찬양부터 하나님의 임재로 충만했다. 찬양에는 알 수 없는 흥분과 기대, 강력한 힘이 넘쳐났고, 성도들의 기도 소리에 이전과 다른 간절함이 담겨 있었다.

'이게 무슨 일이지? 예배 분위기가 이상한데? 이 강력한 임재는 뭐고, 성도님들의 이 간절함은 뭐지?'

방언의 은사를 위한 기도

그렇게 첫날 집회를 예상 밖의 호응으로 잘 마쳤다. 다음 주에 있을 두 번째 집회를 준비하는 가운데 하나님께서는 방언을 사모하는 분들에게 방언의 은사가 열리도록 함께 기도해야겠다는 생각을 주셨다. 성령집회 때 방언의 은사를 위해 사역하는 일은 2004년 온누리교회 서빙고 수요부흥예배 때부터 자주 했던 사역이고, 목양교회에 부임한 이후에도 여러 번 방언을 위해 기도하는 사역을 해왔기 때문에, 성도들에게 이미 익숙한 일이었다.

두 번째 성령집회 날, 강단에 올라 설교를 시작하기 전에 성령님이 주신 감동을 따라 이렇게 질문했다.

"오늘 집회에서 설교 후 방언의 은사를 위해 함께 기도할 생각이었는데, 혹시 오늘 예배를 시작하면서 찬양하고 기도하다가 방언을 받으신 분이 계시면 손들어주시겠어요?"

혹시나 하는 생각에 하나님께서 주신 마음에 순종하여 질문을 던졌는데, 한 분이 용감하게 손을 번쩍 드셨다. '할렐루야! 이럴 수가? 주님께서 이미 이 집회를 예비하시고, 주님의 일을 진행하고 계시는구나!' 참석한 성도들도 모두 탄성과 함께 박수하며 축하해주었다. 그런데 그 순간 누구보다 기쁜 사람은 나였다. 하나님께서 주신 감동을 따라 믿음으로 선포했는데, 나의 믿음의 선포대로 방언 받은 분이 등장했고, 전체 회중 앞에서 이를 공개적으로 확인시켜주었기 때문이다. 이를 기점으로 나에게 담대한 믿음이 생겼다. "이미 시작 찬양부터 한 분에게 방언이 열렸으니, 이분이 통로가 되어 오늘 집회에서 방언 받는 분들이 많이 나올 것입니다!"라고 선포한 후 말씀을 전했다.

말씀 선포 이후 방언을 위해 기도할 때 방언을 사모하는 분들은 자리에서 일어나시라고 말하자마자 기다렸다는 듯이 70-80여 명의 성도들이 여기저기서 일어났다. 자리에서 일어난 분들 중에는 지난 수년간 여러 번 방언 받기를 시도했지만 방언을 받지 못했던 권사님, 집사님들도 여럿 계셨다.

방언 받기를 사모하여 자리에서 일어난 분들 주변으로 중보기도 사역자들이 다가갔고, 간절한 마음으로 "주여"를 외친 후 방언의 은사 주시기를 구하며 함께 기도했다. 자리에서 일어난 모든 분의 기도는 하늘 공간을 가르며 높이높이 올라갔다. 중보자들 역시 그들을 둘러서서 입술을 통해 새 방언이 열리도록 전심으로 기도했다.

통성기도를 마친 후 방언을 받으신 분들은 손을 들어보시라고 하자 방언 받으신 분들이 눈물을 닦으며 여기저기서 손을 올렸다. 방언을 받기 위해 용기 내어 자리에서 일어난 거의 모두가 방언을 받았다. 정말 경이로운 일이었다.

공개적인 치유 선포 사역

두 번째 성령집회를 마치고 은혜와 감동의 시간을 보내며 세 번째 성령집회를 준비하고 있는데, 성령님께서 마지막 성령집회에서는 치유를 위해 선포하고 공개적으로 기도하는 시간을 가지라는 마음을 주셨다. 집회 중간에 치유받은 사람이 있다면 손을 들게 하고, 나와서 간증을 시켜보라는 마음을 강하게 주신 것이다.

하나님의 감동을 받는 일은 기쁘면서 동시에 언제나 커다란 부담이다. 개인적으로 주신 감동이야 얼마든지 '아멘'이고 감사하지만, 이 감동을 공개적인 현장에서 선포하거나, 회중 앞에서 선포해야 하는 일은 대단한 용기가 필요하다. 주신 마음에 따라 과감하게 치유를 선포했는데, 아무도 치유를 경험하지 않았거나 손을 들지 않으면, 이후 분위기가 걷잡을 수 없이 식어버리기 때문이다.

나는 2004년부터 온누리교회 수요부흥예배를 담당하면서 성령집회를 시작해왔다. 매주 강단에서 수없이 하나님의 치유하심을 선포했고, 치유를 위해 기도했으며, 치유받은 분들을 확인했었다. 치유가 일어난 일도 간혹 있었다. 그러나 방언은 많이 열리는데, 이상하게 치유는 거의 일어나지 않았다. 몇 번은 아주 강한 성령님의 감동으로 오늘 하나님의 치유가 있을 것이라고 담대히 선포했다.

그러나 결과는 참담했다. 치유받았다고 손을 드는 분이 한 명도 없었다. 물론 집회가 끝난 다음 나를 찾아와 "왜 그런 무모한 시도를 했느냐?"라고 항의하시는 분 역시 한 명도 없었다. 하지만 내가 괜찮지 않았다. 시도는 계속하는데 결과가 나타나지 않자 나는 이것을 반복되는 실패와 좌절로 평가하여 내게는 치유의 은사가 없으며 치유 사역은 내 사역 방향이 아니라는 절망에 묶이게 되었다.

이토록 실패의 경험이 많은 내가 2023년 3월 마지막 집회를 준비하다가 치유 선포에 대한 마음을 다시금 받은 것이다. 다행히 둘째 날 방언의 은사를 받으신 분들이 많이 나왔고, 수년 동안 여러 번 방언을 사모하여도 열리지 않던 분들에게 방언이 열리는 일이 생기자 용기가 생겼다. 아니, 하나님께서 내게 용기 주심을 느꼈다. 그래서 나는 용기를 내보기로 결심했다.

마지막 집회를 준비하면서 필사적이고 절박한 기도가 깊은 곳에서부터 터져 나왔다. '하나님, 이번에는 제발요, 이번에는 제발 믿음으로 주신 감동의 열매를 보게 해주세요!' 한 주간 정말 간절히 기도하고 또 기도했다. 설교 말씀과 치유 선포를 준비하고 또 준비했다. 그리고 치유받은 분이 나오지 않을 경우, 어떻게 그 민망한 상황에 대비해야 할지도 준비했다.

그런데 마지막 성령집회가 있기 이틀 전 뜻밖에 반가운 소식이 들려왔다. 목양교회 시무 장로님 중 한 분께서 지난주 두 번째 성령집회 후 불면증이 치유되었다는 반가운 소식이었다. '할렐루야! 이번에는 정말 하나님께서 목양교회에 치유를 풀어주실 것 같네!' 그동안 수없이 좌절하고 절망했음에도 불구하고, 주님이 주신 마음에 순종하여 다시 열심히 집회를 준비하고 있는 나를 향한 하나님의 든든한 사인(sign)이라 믿었다. 그리고 나는 그 사인을 '아멘'으로 단단히 붙잡았다.

갑자기 바뀐 예배의 공기

드디어 셋째 날 집회가 시작되었다. 예배 시작의 뜨거운 찬양과 성령님의 임재를 구하는 기도를 마친 다음 말씀 선포를 위해 강단 위에 올라 하나님이 주신 마음을 따라 담대히 성도님들에게 말했다.

"오늘 하나님께서 제게 이런 마음을 주셨습니다. 혹시 지난 한 주간 동안 하나님께서 자신의 질병을 치유해주신 분이 계신가요? 그런 분이 계시면 손을 올려 표시해주실 수 있을까요?"

이 질문을 하는데 가슴이 방망이질했고 심장이 벌렁거렸다. 혹시? 만약? 오늘도? 지금 회중에서 손을 드는 사람이 한 사람도 없다면, 나는 낙심한 마음으로 설교를 이어가야 한다. 심한 부담감이 몰려왔다. 요동치는 가슴을 움켜잡고 떨리는 마음으로 질문을 던졌는데 기적이 일어났다. 회중석에서 두 사람이 손을 번쩍 들었다. 할렐루야!

목양교회 예배의 공기가 바뀌었다!
목양교회 예배의 흐름이 완전히 바뀌었다!

치유를 받았다고 손을 든 두 사람을 발견한 그 순간, 하나님께서 태초에 흙으로 사람을 지으시고 생기를 그 코에 불어넣으신 것처럼 예배당 안의 공기는 이 땅에서 맛볼 수 없는 하늘의 신선한 숨으로 가득 차 있었다. 호흡하며 숨을 내쉬고 들이마실 때마다 신령한 하나님의 생기가 입과 코를 통해 폐와 심장에 가득 채워지는 느낌이었다. 하나님의 임재의 공간에서만 느껴지는 신령한 기운, 성령님께서 예배 가운데 깊은 호흡을 하고 계심을 확실히 느낄 수 있었다.

하지만 이럴 때가 아니다. 정신을 차려야 한다. 이 신령한 순간을 과감히 치고 나가 그다음 스텝을 밟아야 이 영적인 공기의 흐름이 확장될 것이다. 나는 곧바로 치유받았다고 손을 드신 두 분을 강대 위로 올라오시도록 초대했고, 한 분씩 어떤 치유가 있었는지 간증을 부탁했다.

지난주 집회에서 불면증이 치유되었던 시무 장로님께서 먼저 마이크를 잡으셨다. 오랫동안 지속되었던 불면증을 치유받아 잠을 잘 주무시게 되었고, 또 간절히 사모하던 방언도 새롭게 받게 되셨다고 간증해주셨다. 듣고 있던 성도들이 환호와 박수로 하나님께 영광을 돌렸다. 나는 주체할 수 없는 흥분과 감격으로 그 순간 예배에 임하신 성령 하나님께 말할 수 없는 감사와 영광을 올려드렸다.

그런데 장로님께서 간증을 하시는 동안 반대편 쪽에 서 계시던 여자 집사님이 성령님께 취한듯 몸을 가누지 못하고 휘청거리기 시작하셨다. 그 모습을 보고 중보기도 사역자들이 부축을 해서 찬양대석으로 모시고 가서 진정시켜 드렸다. 강력한 하나님의 임재로 간증을 할 수 없을 만큼 힘이 빠진 집사님을 중보기도 사역자들이 본당 뒤편으로 인도했다.

당시 예배 때는 간증을 들을 수 없었지만, 나중에 들은 이야기에 의하면, 한 주 전부터 성령님의 임재를 강하게 경험한 후 온 몸에 굳어진 근육과 인대와 혈관들이 풀어지면서 몸이 아주 부드러워지고 가벼워졌으며, 특히 팔과 엉덩이 부분과 손가락 관절 마디마디에 뭉친 부위가 풀어지는 치유를 경험하셨다고 했다.

그렇게 이날부터 목양교회에 하나님의 새 일이 시작되었고, 치유의 은혜가 시작되었다. 이 일은 목양교회 성령집회 중, 하나님께서 공식적으로 치유를 행하신 첫 사건이 되었고, 이 사건을 기점으로 목양교회 예배는 더 깊은 예배의 흐름을 타게 되었다. 하나님께서는 전혀 예상하지 못한 시점에, 예상하지 못한 방법으로, 예상하지 못한 흐름 가운데로 목양교회 예배를 이끌어가셨다.

예배를 통해 성령 사역, 치유 사역이 열리다

그런데 하나님께서 분명히 목양교회 예배를 통해 본격적인 치유 사역을 시작하셨다는 것은 알겠는데, '그렇다면 이제부터 어떻게 해야 하지? 어떻게 이 은혜를 유지하고 확장시켜 나갈 수 있을까?'라는 현실적인 고민이 시작되었다. 나는 2004년부터 오랫동안 치유 사역을 꿈꾸어왔다. 그런데 정작 하나님의 치유가 시작되고 보니, 나 자신이 전혀 준비되어 있지 않다는 사실을 깨달았다. 그래서 일단 성령집회를 계속 이어가기보다 모든 사역자들이 예배와 성령 사역을 새롭게 공부하고 나서 다시 성령집회를 열기로 했다.

이때 가장 먼저 생각난 분이 HTM(Heavenly Touch Ministry)의 손기철 장로님이었다. 나는 손기철 장로님을 2003년에 처음 만났다. 손 장로님은 당시 내적치유 사역 팀장님이셨다. 2004년부터 나는 온누리교회 서빙고 본당에서 수요부흥예배를 담당하며 예배 사역을 시작하였고, 손기철 장로님(그 당시는 안수집사님이셨다)도 지하 비전홀에서 월요 치유 사역 집회를 시작하셨다.

내가 맡은 수요부흥예배에는 주로 방언의 은사가 많이 열리며 소문이 나기 시작했는데, 온누리교회와 전국 교회로 소문이 나면서 사람들이 모이기 시작했다. 2004년 3월 200명으로 시작한 예배 인원이 2005년 11월까지 매주 2천여 명이 모이는 집회로 성장했다. 손 장로님이 인도하시는 치유 사역에는 더 폭발적인 반응이 일어났다. 전국 각지에서 사람들이 몰려와 서빙고

에서 양재로, 양재에서 선한목자교회로 장소를 옮기며 부흥하였고, 지금의 보라매공원 지역에 HTM 센터를 열어 사역하고 계신다.

온누리교회에서 비슷한 시기에 사역하며 나는 장로님으로부터 예배와 성령 사역, 하나님나라의 복음에 대해서 자주 배웠다. 이후 캐나다 밴쿠버 온누리교회 담당 목사로 있을 때 나는 손기철 장로님과 HTM 사역팀을 초청하여 밴쿠버 이민교회 연합 집회를 진행하였고, 그때 집회 장소에 모인 1,500명 중 치유를 갈망하는 모두에게 치유가 일어나는 놀라운 경험도 함께했다. 그만큼 손기철 장로님은 내게 든든한 바위 같은 소중한 영적 멘토이다.

2023년 성령집회를 계기로 손기철 장로님을 오랜만에 찾아뵈었는데 장로님은 반가이 맞아주셨고, 목양교회에서 일어나고 있는 새로운 하나님의 일들에 관심을 보이시며, 본인의 여러 경험들을 나누어주셨다. 헤어질 때 장로님의 저서를 몇 권 주시며 열심히 공부해서 마음껏 사역해보라고 따뜻하게 격려해주셨다.

그 후 3개월간 나와 아내 그리고 사역자들은 예배와 성령 사역의 실제적인 공부와 실습을 병행해갔다. 방언기도, 안수기도, 예배와 말씀, 기도 사역의 핵심 요소와 주의 사항들, 성령 사역 현장에서 일어날 수 있는 일련의 현상들과 그에 대응하는 방법들에 대한 구체적이고 실질적인 학습이 되었다.

성령집회 더 사인 워십

그리고 드디어 2023년 6월 9일부터 매주 금요일 오후 8시에 목양교회 성령집회 'The Sign Worship'이 시작되었다. 하나님께서 이 집회를 오래전부터 기다리신 듯 첫날부터 많은 은혜를 쏟아 부어주셨다. 매주 본당은 함성과 같은 찬양 소리와 기도 소리로 가득 찼고, 치유와 기도 응답과 간증과 기적 그리고 하나님을 체험하는 일들이 나타났다.

초반에는 치유 간증이 매주 끊임없이 올라왔다. 매주 집회에서 설교 전후로 아픈 분들을 위해 다 같이 기도하는 시간을 가졌는데, 집회를 마치면 그 주간에 일어난 치유에 대한 간증이 사무실과 이메일로 전달되었다. 2023년 6월 성령집회의 첫 간증은 어느 남자 집사님의 폐암 치유 간증이었다.

그런데 그는 2023년 성령집회를 통해 치유받은 것이 아니라 2019년 12월 아산병원에서 폐암 수술을 앞두고 있을 당시 목양실에서 두 번의 기도를 받고 나서 2주 후인 수술 당일 암세포가 사라져 수술 없이 퇴원하는 기적을 경험했다고 한다. 그런데 평소 교회에서 조용히 지내시던 분이라 치유받은 것을 교회에 알리지 않으셔서 기도한 목사인 나도 모르고 있었다.

그러던 중 2023년 3월 성령집회에서 아내 집사님이 하나님의 강력한 임재를 경험하고 난 뒤 주일예배 때 쓰러지는 성령체험을 계기로 전 교인에게 알려지게 되었다.

나는 집사님이 예배 중에 어떤 은혜를 받으셨고, 어떤 체험을 하셨는지 나눠주시기를 부탁했다. 그러자 그제서야 3년 전 남편이 폐암을 치유받았다고 하신 것이다.

"목사님, 사실은 이미 3년 전에 목사님의 기도를 통해 하나님께서 남편의 폐암을 완전히 고쳐주셨어요. 3년 전 목사님께 말씀드리지 못한 것을 하나님께서 이렇게 말하게 하시네요. 남편의 암이 나았어요."

그렇게 해서 가족과 일부 지인들만 알고 넘어갈 뻔했던 놀라운 치유의 간증이 교회에 알려졌다. 2023년 6월 첫 간증자로 집사님은 하나님께서 자신의 폐암을 치유하셨음을 당당히 간증하셨다. 중령으로 예편하신 군인답게 자신의 의료 기록, 사진과 영상 등을 철저히 준비하셨으며, 수술을 하기로 했다가 증상이 사라져서 수술을 중단하게 되었고, 의사들도 병이 치유된 정확한 원인을 모르겠다고 말했다고 간증하셨다.

하나님께서 2023년 6월에 시작될 성령집회를 위하여 이미 3년 전부터 집사님의 치유를 도구로 사용하신 것이다.

이 치유 간증을 기점으로, 처음에는 낯설고 부끄러워하던 교인들이 용기 내어 하나둘씩 간증문을 보내주기 시작했다. 지금까지 약 150여 통이 넘는 치유 간증문들이 나의 책장에 보관되어 있는데, 이 중 하나를 소개해보면 다음과 같다.

"두 번째 성령집회 후 제 몸에 변화가 있었어요. 그런데 너무 오래 아팠기 때문에 잠깐 컨디션이 좋아졌다가 다시 아플까봐 선뜻 말하지 못했습니다. 저는 강직성 척추염과 섬유근육통으로 움직일 때마다 허리와 목뼈 등에 통증이 심했는데, 두 번째 성령집회 이후 치유를 받아 지금은 한 시간씩 앉아서 성경도 읽을 수 있습니다. 이제는 머리를 감을 때도 뼈에 기름을 칠한 것처럼 부드럽게 움직일 수 있습니다. 세 번째 성령집회 때 한없이 울며 기도했어요. 지금까지 살면서 이렇게 몸이 부드럽고 통증이 없어본 적이 없습니다. 저를 위해 기도해주셔서 감사합니다. 하나님의 은혜에 감사드립니다."

또 다른 성도의 간증이다.

"저는 갱년기 장애로 10년 동안 불면증 약의 도움을 받아왔습니다. 그런데 지난 성령집회 때 목사님께서 오랫동안 먹었던 약이 끊어지는 분이 있을 거라고 선포하셔서 '내가 무슨 약을 먹고 있지?' 하고 생각해보니 불면증 약이 떠올랐고, 성령집회 이틀 전인 수요일부터 수면제 없이 잠들고 있다는 사실이 생각났습니다. 그래서 앞으로도 약 없이 잠을 잘 수 있겠다는 생각이 들었어요. 하나님은 그것을 예배 전에 미리 응답하셨고, 예배 시간에 확증해주셨습니다. 오늘로 9일째 약 없이 잘 자고 있습니다. 하나님의 은혜에 감사드립니다."

그런데 성령집회와 함께 치유를 받은 분들의 간증이 급증하면서 동시에 중증환자들이 급증하는 이상 현상이 발생했다. 치유 사역이 일어나자 사탄의 방해로 환자들이 증가한 것인지, 아니면 중환자들이 숨기고 있던 자신의 상태를 오픈한 것인지는 알 수 없다. 그러나 2023년 6월부터 갑자기 성도들의 가정에 긴급히 중보해야 할 중환자들이 늘어나기 시작했다. 하나님의 일은 하면 할수록 예측이 불가능하고, 하나님과 가까워질수록 더 신비하고 엉뚱한 체험을 하게 되는 것 같다.

하나님의 임재를 강하게 경험하는 예배자들

또 하나의 특이점은 예배 도중에 찬양이나 기도 시간에, 말씀을 듣다가 의식을 잃고 쓰러지는 분들이 나오기 시작한 것이다. 성령집회뿐만 아니라 주일예배나 수요예배 때에도 이런 일이 생기자 담임목사인 나를 비롯해 사역자들, 중보기도 팀들까지 놀라고 당황했다. 이 일련의 일들을 겪으며 내린 결론 중 하나는, 하나님의 임재를 강하게 경험하는 예배자들에게는 영적인 쇼크 상태가 발생할 수 있다는 점이다.

강한 영적 쇼크를 경험한 분들의 상태는 사람마다 달랐는데 공통적인 특징도 있었다. 갑자기 온몸에서 기운이 빠져 쓰러지고, 의식은 있지만 정상적인 대화가 불가능한 상태가 되며, 손이나 팔을 흔들거나 온몸을 떠는 현상을 보인다는 것이다. 어떤 분은 큰 소리를 내며 신음하기도 하고, 또 어떤 분은 깊은 통곡의 눈물을, 또 어떤 분은 몸이 경직되는데 심하면 얼굴과 입술까지 굳어져 힘들어하는 모습이 목격되기도 했다.

일단 예배 중에 이런 분들이 나타난다면, 예배 상황을 주시하던 중보기도자들이 대상자 옆에 가까이 대기하며 기도한다. 그래도 상태가 안정되지 않을 경우 온돌방이 있는 아래층 샬롬홀로 자리를 옮겨 진정될 때까지 기도하며 함께 있어준다. 그러면 보통 30분에서 1시간 정도, 오래 걸리는 분들은 3-4시간

정도 자신의 깊은 내면에 눌려 있던 무언가를 충분히 토해내신다. 그리고 진정이 되면 스스로 일어나 돌아가신다. 이 일이 그 날 하루로 끝나는 것이 아니라, 다음 집회에서 또 발생하여 몇 주 혹은 몇 달씩 지속되는 분들도 있었다.

그러면 '저 분 혹시 귀신 들린 거 아닐까?', '악한 영의 역사로 예배를 방해하는 것이 아닐까?'라고 생각하여 어찌할 바를 모르던 사역자들도, 시간이 지나면서 증상이 가라앉고, 표정이 밝아지고, 간절히 사모하는 마음으로 예배드리는 모습을 보게 되면서 이 과정이 하나님께서 예배를 통해 한 영혼의 인생을 새롭게 바꾸는 전환의 과정임을 깨닫는다.

강력한 영적 체험을 한 분들은 이후 새벽기도와 주중에 교회에서 드리는 공식 예배에 정기적으로 출석하고, 매일 꾸준히 말씀을 읽고, 성전에 와서 기도하는 시간이 점점 많아지는 삶의 변화를 보인다. 또 표정과 목소리가 바뀌고, 사람과 상황을 대하는 태도가 공손해진다. 이처럼 하나님을 깊이 만나는 체험이 얼마나 중요한지 모른다.

이후 우리 교회에서는 강력한 영적 체험을 경험한 분들의 불신 가족이 새가족으로 등록하는 일들이 일어나기 시작했다. 특히 10년, 20년, 그리고 그 이상 혼자서 열심히 신앙생활 해온 여자 성도들의 남편이나 자녀가 교회에 나와 직접 등록하거나 성실하게 교회에 출석하며 신앙생활을 시작하는 것이다.

예배의 공기의 흐름이 바뀌면서 일어난 또 하나의 변화는 교회 재정의 급속한 증가였다. 2023년부터 현재까지 목양교회는 매해 예산 규모보다 큰 폭으로 재정이 증가하고 있다. 십일조와 감사헌금은 물론, 선교헌금과 건축헌금이 급격히 증가했다. 다시 시작된 성령집회와 주일예배를 통해 막혔던 재정이 풀어져 풍성한 재정의 은혜를 경험하는 가정이 늘면서 헌금의 규모가 달라졌고, 간단한 간증 메모와 함께 절기마다 헌금을 드리는 성도 역시 늘어났다.

02

이보다 더 큰 은혜가 필요한가

40일 새벽 금식기도에 도전하다

성령집회의 열기가 더해 가던 2023년 8월의 어느 날, 한 목사님이 교회를 방문하셨고 내게 다음과 같은 제안을 하셨다.

"목사님, 제가 목양교회에 오면서 기도하다가 받은 감동인데, 목사님이 매일 3시간씩 40일 동안 새벽 금식기도를 하시되, 입으로 크게 소리내어 방언으로 기도하시면 좋겠다는 마음이 들었습니다."

평생 말씀과 기도에 전념하신 신실한 목사님이라 내게는 그 목사님에 대한 신뢰가 있었다. 목사님도 갑작스러운 감동을 조심스럽게 제안하셔서 나는 잠시 당황했다.

'40일 새벽기도? 그것도 하루에 3시간씩 아침을 금식하면서? 내 건강에 그게 가능할까? 다시 무리하다가 탈진과 어지럼증이 재발하면 어떡하지?'

왜냐하면 나는 2019년 탈진과 어지럼증 발병 이후, 컨디션 조절 때문에 주중 새벽기도를 중단한 상태였다. 새벽기도에 참석할 수는 있지만 그러다보면 주중 사역이나 주일 사역을 감당할 수 없고, 그러면 전체적인 교회 사역에 지장을 주기 때문이다. 그 당시만 해도 모든 교역자들이 금요성령집회에 집중하여 사역하고 있었고, 곧 있을 9월 새 학기에 전 사역이 풀가동될 때 지금의 건강으로 모든 사역을 감당할 수 있을지 자신이 없었다.

그런데 달리 생각해보니 나는 평생 단 한 번도 40일 금식기도를 해본 적이 없었다. 그래서 목사님의 제안에 따라 믿음으로 도전해보기로 마음을 먹었다. 쓰러질 때 쓰러지더라도 하나님이 전해주신 마음에 순종하고자 나는 바로 그다음 날부터 새벽기도에 참석했다. 두려움 반 설렘 반으로 시작했지만, 하나님은 내게 매일 기도의 자리를 지킬 수 있는 건강과 체력을 주셨다.

아침을 금식하고 방언으로 3시간 기도하는 일이 쉬운 일은 아니지만 그리 어려운 일도 아니었다. 오히려 소리 내어 방언으로 기도했더니 영과 혼이 살아나고 회복되는 느낌이 들었다. 시간이 지날수록 기도 소리가 커지고 기도 시간이 늘어났으며, 기도를 통해 새 힘이 충전되었다. 새벽 금식기도를 시작한 지 약 30일 정도 지났을 때 아내가 내게 "당신 목소리가 변했어요. 그리고 영적 충만함과 자신감이 느껴지네요"라고 말해주었다.

시간이 지날수록 3시간의 기도 시간은 마치 1시간처럼, 30분처럼, 그리고 10분처럼 훌쩍 지나갔다. 어떨 때는 더 기도하고 싶어서 4-5시간을 기도하는 날도 있었다. 40일의 시간이 그렇게 훌쩍 지나갔다. 두려움과 부담감으로 시작한 새벽기도는 기쁨과 감사와 충만한 은혜의 열매가 되어 나를 성장시켰다.

작정 기도를 마친 날에 있었던 일

작정된 40일 새벽 금식기도를 마치는 날이 되었다. 단 하루도 멈추거나 빠지지 않고, 단 한 시간도 어김없이, 충만하고 감사하고, 넉넉하고 풍성하게 생애 최초 40일 새벽 금식기도를 마치게 된 것이다. 그런데 바로 그날 수요일 오전에 갑작스런 연락으로 오후 2시에 급하게 상담 약속이 잡혔다. 40대 초반의 여 집사님으로 다른 교회를 섬기고 계셨는데, 지인을 통해 목양교회를 소개받았다고 하면서 상담과 기도가 꼭 필요하다고 하셨다. 일단 타 교회 여 성도이기 때문에 목양실 밖에 여성 사역자가 대기 중인 상태에서 목양실에서 이야기를 나누기 시작했다.

목양실로 들어오는 집사님의 첫인상은 얼굴이 어둡고 잔뜩 긴장한 모습이었다. 이야기를 나누는 내내 집사님은 조심스럽고 떨리는 목소리로 띄엄띄엄 말씀하셨고, 중간중간 입술과 몸을 부르르 떠는 반응을 보이기도 했다. 30분 정도 본인이 겪은 어려움을 이야기한 다음 자신의 문제를 위해 기도해달라고 해서 기도가 시작되었는데, 안수기도가 필요하다고 판단되어 집사님의 머리 위에 수건을 올리고 그 위에 손을 얹어 기도하기 시작했다.

기도는 호흡이 매우 중요하다. 기도는 하나님과의 영적 대화일 뿐만 아니라, 기도 자체가 영과 혼의 호흡이기 때문에 나는 성도님들에게 안수기도를 할 때마다 호흡을 깊이 하시도록 권한다. 이 집사님에게도 조용히 눈을 감고 숨을 깊이 들이마시고 내뱉기를 반복하며 호흡에만 집중하시라고 했다.

그런데 처음에 조용히 호흡하던 집사님이 2-3분이 지나자 갑자기 온몸을 심하게 떨기 시작했다. 그리고 갈수록 몸에 힘이 잔뜩 들어가 급기야 마비가 일어난 듯 사지가 굳어지며 몸이 옆으로 기울어졌다. 알 수 없는 격렬한 반응과 움직임이 시작되었고 그다음 깜짝 놀랄 일이 벌어졌다. 집사님의 눈동자가 뒤집어지더니 입에서 거친 목소리가 튀어나왔다.

"싫어! 싫어! 내 몸에서 떨어져. 너 누구야? 비켜! 빨리 안 비켜? 지금 뭐하는 거야?"

조금 전까지 조심스럽게 대화를 나누던 조용한 목소리와는 비교할 수 없이 날카롭고 사나우며 격앙된 목소리였다. 그것은 나와 상담하던 집사님이 아닌, 전혀 다른 인격체의 목소리였다. 이 목소리가 터져 나오자 거칠게 기도를 거부하며 몸의 경련 반응이 일어났다. 그동안 나도 예배 사역, 성령 사역을 하면서 가래, 기침, 구역질을 동반하며 고꾸라지고 기절하는 사람들의 모습을 많이 봐서 알고 있었지만, 바로 눈앞에서 다른 목소리를 내는 다른 인격체가 거세게 기도를 거부하는 상황은 처음 접해 보는 일이었다.

새 일을 행하시는 하나님의 분명한 사인

여 집사님의 고함 소리는 목양실 밖으로 빠르게 퍼져나갔고, 밖에서 대기하고 있던 여자 목사님과 옆방에 있던 네 명의 부목사님들까지 내 방으로 급히 뛰어 들어왔다. 여자 목사님께서 집사님의 어깨를 붙잡고 나와 함께 "예수 그리스도의 이름, 예수 그리스도의 이름"을 크게 외치며 선포했다. 온몸에 진땀이 나기 시작하는데, 내가 할 수 있는 기도는 오직 "예수"를 외치는 것뿐이었다. 교역자 6명이 동시에 집사님을 향해 중보기도와 축사기도를 이어갔다. 그러나 진땀을 흘리며 기도하는 우리를 비웃는 목소리가 흘러나왔다.

"웃기고 있네! 안 돼! 그 정도 기도 실력으로는 어림도 없어. 나는 안 나가. 절대 안 나갈 거야. 이 아이가 얼마나 착한 아인데, 여긴 내가 오래전부터 맡아놓은 내 집이야!"

공포심마저 느껴지는 싸늘한 표정과 소름 끼치도록 차가운 목소리가, 온 힘을 다해 기도하는 나와 목사님들을 계속해서 조롱했다. 그러나 절대 나가지 않기 위해 우리의 기도를 저지하려고 안간힘을 쓰는 것이 보였다.

"예수 그리스도의 이름으로 악한 영은 떠나갈지어다. 예수 그리스도의 이름, 예수 그리스도의 이름으로 집사님 속에 있는 악한 영의 권세는 떠나가고 떠나가라!"

우리는 계속 자리를 교대해가며 안수기도와 축사를 포기하지 않았다. 끈질기게 기도하자 조금씩 희망이 보였다. 우리가 예수 그리스도의 이름을 선포할 때마다 머리를 조금씩 움츠리고, 몸을 뒤틀며 처음보다 기세가 많이 꺾이는 것이 느껴졌다.

"하지 마. 절대 하지 마. 기도하지 마! 앗 뜨거워! 너무 뜨거워. 이 손 안 치워? 안 돼. 안 돼. 손 치워!"

예수 이름의 능력이 악한 영을 위축하고 제압시키는 능력이 있음을 확인한 우리는 더욱 힘써 기도를 이어갔다. 기도의 싸움이 2시간을 넘어 3시간째에 이르자 나도 지치고 교역자들도 지쳐갔다. 뿐만 아니라 기도를 받는 집사님도 지치고, 그 속에 머물던 악한 영도 지쳐 보였다. 처음과 같은 완강함이 줄어든 것이다. 하지만 이 기도를 언제까지 해야 할지 고민이 되었다. 곧 있으면 저녁 시간이다. 수요부흥예배를 준비해야 한다. 내가 이런 고민과 생각을 하고 있는데 갑자기 집사님 입에서 이런 소리가 튀어나왔다.

"너희 곧 수요예배 드려야 하잖아? 예배 준비해야 하잖아? 빨리 꺼져. 빨리 가서 준비해. 너희가 아무리 기도해도 너희 실력으로는 나 못 쫓아내. 내 몸에 손대지 마. 난 절대 안 나가."

그런데 이 말을 들으니 모두 오기가 생겼다. 어디 한번 누가 이기나 오늘 결판을 내보자고 마음먹었다. 나는 일단 지친 몸을 조금 추스르기 위해 아내에게 전화를 걸어 현재 교회에서 일어난 상황을 설명한 다음 속히 교회로 와달라고 했다. 상대가 여자 집사님이기에 남자 목회자들이 접촉하기 어려웠고, 또 여자 목사님 혼자서 감당하기에 어려움이 있었기 때문이다. 더불어 성령집회 중보기도 사역자팀 권사님과 집사님들도 함께 소집했다. 잠시 후 아내와 권사님들과 여자 집사님들이 교회로 달려왔다. 나는 잠시 숨을 돌리고 집으로 와서 씻고 허기진 배를 채운 다음 옷을 갈아입었다. 그러자 그제서야 오늘이 나에게 어떤 의미가 있는 날인지 생각났다.

"그래, 바로 오늘이지! 오늘이 40일 새벽 금식기도를 마치는 날이지! 그렇다면 마침 오늘 귀신 들린 여자 집사님을 목양교회에 보내신 분이 하나님이시구나! 그래. 우리 하나님께서 하고 계신 일이 틀림없어."

오늘의 이 사건이 나와 목양교회에 어떤 메시지를 주시기 위한 분명한 사인(sign)이라는 확신이 들었다. 또한 이 일이 하나님께서 계획하신 일이라면, 하나님께서 분명히 이 일을 통해 새 일을 행하실 것이라는 확신이 들었다.

'그래, 오늘 결판을 내자. 오늘 수요부흥예배에 들어가지 못하는 상황이 생기더라도 끝까지 해보는 거야!'

영적 권능이 있는 교회

나는 스스로 결전의 의지를 다지며 교회로 가는 차 안에서 계속 '예수 그리스도의 이름'을 선포하고 중보기도를 하며 교회에 도착했다. 다행히 집사님은 온돌방인 샬롬홀로 옮겨져 있었다. 신발을 벗고 편히 누울 수 있고, 문을 닫으면 밖에서 안이 보이지 않는 곳이라 여자 집사님의 신변 보호도 할 수 있고, 수요예배 시간이 되더라도 방해되지 않을 만한 공간이었다. 노크를 하고 샬롬홀로 들어가보니 여자 목사님과 아내가 집사님을 안은 채 계속 기도 중이었고, 10여 명의 중보기도 팀이 옆에서 계속 크게 통성으로 기도하고 있었다. 모두 지친 기색이 역력했지만, 포기하지 않고 힘을 다해 전심으로 기도하고 있었다.

내 판단으로는 이 집사님 속에 여러 종류의 다양한 악한 영들이 자리 잡고 있었는데, 몇 시간의 기도와 축사를 통해 악한 영들이 거의 대부분 쫓겨났고, 마지막에 남은 악한 영이 집사님의 입술 주위에 경련을 일으키며 버티고 있다는 생각이 들었다.

나는 곧 끝날 수도 있겠다고 생각했고 집사님 머리에 다시 손수건을 올리고 안수기도하며 예수 그리스도의 이름으로 악한 영은 떠나갈 것을 강하게 선포했다.

"예수, 예수, 예수, 능력의 이름, 소망의 이름, 치유의 이름, 예수 그리스도의 이름으로 명하노니, 집사님을 붙잡고 있는 악한 영은 떠나갈지어다! 떠나갈지어다!"

그렇게 온 힘을 다해 기도하기를 10여 분쯤 지났을 때 집사님은 나직한 한숨 소리를 냈고 동시에 어떤 기운이 집사님의 몸에서 떠나가는 미세한 진동이 느껴졌다. 마치 임종의 현장에서 환자가 서서히 숨을 멈추다가 숨을 거둘 때처럼 집사님의 입에서 어떤 알 수 없는 기운이 서서히 빠져나갔고, 이후 집사님은 기절한 듯 조용해졌다. 몇십 초의 짧지만 강렬한 침묵과 적막이 흘렀다. 마음에 확신을 얻은 나는 자신있게 믿음으로 선포했다.

"나갔어요! 떠나갔습니다. 악한 권세가 예수님의 이름으로 떠나갔습니다. 예수님, 감사합니다. 하나님, 감사합니다."

집사님은 이제 어떤 저항도 없이 기절한 것처럼 그대로 누워 있었다.

드디어 끝났다.
드디어 나갔다.
우리가 해냈다.
아니, 예수 그리스도의 이름의 능력이
악한 영을 물리치셨다.

나는 마지막으로 집사님을 위해 마침 기도를 했다. 그리고 아내와 여자 목사님에게 마무리를 부탁하고 샬롬홀에서 나왔다. 시계를 보니 저녁 7시 20분이었다. 오후 2시부터 시작된 기도가 무려 5시간 20분 동안 진행되었으며, 수요예배 10분 전에 정확히 마무리되었다.

감사한 것은 그 현장의 시작점부터 모든 전임 교역자들이 함께 있었고, 아내와 10여 명의 중보기도팀 권사님과 집사님들이 모두 현장의 목격자와 증인이 되었다는 것이다. 이 영적 전쟁의 승리 소식은 중보기도팀을 통해 교회 리더들에게 알려졌고, 곧 교회 전체에 알려지게 되었다. 이 사건을 통해 목양교회는 온 교역자들과 중보기도팀이 하나가 되어 악한 영을 내어 쫓아낼 수 있는 영적 권능이 있는 교회로 자리매김하게 되었다.

이 사건 속에 하나님의 은혜가 있었다. 이것은 하나님의 기막힌 타이밍이며 반전이었다. 나와 목양교회를 향하신 도무지 상상할 수 없는 하나님의 신묘막측한 계획이었다.

2025년 The Sign Worship

2025년 2월 28일 오후 8시, 더 사인 워십 현장은 오래 기다린 성도님들로 북적였다. 찬양 소리와 기도 소리가 더 깊고 강력해졌음을 느꼈다. 축복송으로 '좋으신 하나님'을 함께 찬양한 후 광고할 시간이 되었는데, 성령님께서 갑자기 한 가지 생각을 떠올리게 하셨고, 나는 순종함으로 성도님들에게 이렇게 질문했다.

"혹시 지난 주일예배 이후부터 오늘 금요성령집회에 오시기 전까지 5일간 하나님의 응답이나 몸의 치유나 생활 속에서 하나님의 인도하심을 경험하신 분이 계시면 손 한 번 들어주시겠어요?"

이제 이런 질문을 하는 데 약간의 용기만 내면 될 만큼 나도 많이 담대해졌다고 느꼈다. 갑작스러운 질문에 성도님들이 약간 당황하는 듯했지만, 내 질문의 의도를 아는 몇몇 분은 조심스럽게 손을 올리셨다.

"믿음은 순종이고, 믿음에는 용기가 필요합니다. 작은 은혜라도 괜찮으니 지난 한 주간 하나님의 실제적인 은혜를 체험하신 분들은 용기 있게, 자신 있게 손을 번쩍 들어보세요!"

그러자 사방에서 약 30명 정도 손을 올리셨다. 나뿐만 아니라 손을 올린 성도들의 숫자를 본 다른 분들까지 눈을 동그랗게 뜨고 서로 바라보며 놀랐다. 많은 분들이 은혜받은 것을 확인하자 나는 더 용기가 나서 "지금 손을 올리신 분들은 그 자리에서 한 번 일어나주시겠어요?" 손을 들어 하나님의 은혜를 인정하고 고백하는 일도 용기 있는 믿음이지만, 확신을 갖고 자리에서 일어나는 것은 더 큰 믿음의 용기임을 설명하자 손을 든 30명 모두 자리에서 일어나셨다. 그러자 누가 시키지도 않았는데 회중석에서 일제히 박수와 함성이 터져나왔다.

"하나님, 감사합니다. 하나님, 감사합니다. 하나님, 감사합니다. 모든 영광을 주님께 올려드립니다."

우리 모두 하나님을 향한 감사와 영광의 박수에 동참했다. 박수 소리가 메아리가 되어 더 큰 울림으로 예배당 안을 가득 메웠다. 하나님은 그렇게 준비하고 계셨고, 이미 일하고 계셨다. 친히 영광받으실 놀라운 일들과 사건들을 펼쳐내고 계셨다. 예배 후 기도받기 원하는 수십 명의 성도님들을 한 분도 빠짐없이 안수기도해드린 후 감사한 마음으로 집으로 돌아왔다.

2025년의 첫 성령집회를 은혜롭게 마치고 그다음 날 교회에 출근해보니 어제 성령집회에 참석하셨던 권사님께서 보낸 이메일이 눈에 들어왔다. 권사님이 메일을 보낸 시각은 새벽이었다. 나는 놀란 마음에 메일을 열어보았다.

"목사님께. 어제 금요예배 은혜 나눔입니다. 하나님께 감사와 찬양을 올립니다. 저는 일주일 전 건강검진 결과 '갑상선암' 진단을 받았습니다. 결과지를 들고 집으로 오면서 하나님을 불렀고, 하나님께서는 두려워하지 말라는 마음을 주셨습니다. 두려워하지 않으려고 애쓰며 낮은 목소리로 찬양을 부르며 걸었습니다. 하나님께서 "다 나았다"라는 짧은 말씀을 주셨고, 그렇게 믿으려고 작정하였습니다.

한 주간 동안 저는 내내 금요예배를 기다렸고, 남편은 하나님께 감사 기도를 드렸으며, 동생은 새벽예배에 나가고 있다고 했고, 저의 형편을 아직 모르는 어느 권사님과 같이 산책을 하기도 했습니다. 흔들리는 바람에도 넘어지지 않으며 성령님의 도우심을 경험했습니다.

그렇게 금요예배를 맞아 은혜의 강가로 나왔습니다. 예배 후 목사님이 오셔서 기도해주셨는데, 그때 목사님께서 "권사님, 나으셨습니다"라고 여러 번 짚어주셨습니다. 저는 "아바 아버지"를 부르며 아빠의 넉넉한 품에 거했고 약함이 강함으로 변했습니다. 믿음의 부요를 주신 하나님을 찬송합니다. 모든 것이 은혜입니다. 할렐루야!"

맞다. 어제 권사님의 머리에 손을 얹고 안수기도하는 순간 갑자기 '이미 나았다고 선포하라. 이미 나았다고 선포하라. 그냥 선포하라!'는 생각이 강하게 들었고, 나는 순종하는 마음으로 용기를 내서 이렇게 기도했었다.

"권사님! 하나님께서 그러시는데, 이미 나으셨대요. 이미 나으셨어요. 하나님께서 권사님께 이미 나았다고 선포하라고 하시네요! 권사님, 이미 나으셨음을 선포합니다."

이 기도의 선포가 권사님에게는 하나님의 확증이 되어 그 순간 믿음으로 치유를 경험하신 것이다. 메일을 확인하고 나서 황급히 전화를 드리자 전화기 너머로 권사님의 생기 있고 기쁨이 넘치는 목소리가 들려왔다. 권사님은 자신을 치유해주신 하나님께 감사하다고 하셨다. 10월에 병원 예약이 되어 있지만 자신은 이미 치유되었음을 믿음으로 받아들이셨다고 하셨고 나도 '아멘'으로 화답하며 기도해드렸다.

이보다 더 큰 은혜가 필요할까?

성령집회는 매주 금요일 8시에 시작하는데, 먼저 30분 정도 뜨거운 찬양을 하고, 부목사님의 기도 인도로 하나님의 임재와 영광, 하나님의 주권 선포와 통치, 그리고 예수 보혈에 능력 있음을 믿고 죄 사함의 은혜를 사모하는 회개 기도의 시간을 갖는다. 기도를 마치면 성령님의 강력한 임재와 통치를 구하며 '주님의 성령 지금 이곳에'라는 찬양을 일어서서 모두 함께 부른다. 이 찬양을 마침과 동시에 집회에 참석한 모든 성도는 성령 충만을 위해 통성으로 기도한다. 이 기도가 마무리되고 성도님들이 모두 자리에 앉으면 '좋으신 하나님'을 함께 찬양하며 서로 축복하는 시간을 갖는다.

좋으신 하나님 좋으신 하나님 참 좋으신 나의 하나님
God is so Good. God is so Good.
God is so Good. He's so good to Me.

익숙하고 단순한 찬양인데, 이 단순함 속에 은혜의 비밀이 있다. 나는 이 찬양을 부르는 순간이 가장 행복하다. 나만 그런 것이 아니다. 집회에 참석한 대부분의 성도님들이 그렇다.

> 지금 내 삶이 힘들어도,
> 내 마음이 아파도,
> 내 몸이 약해도,
> 내 기도에 응답하지 않으실지라도,
> 내 계획대로 안 되도,
> 그럼에도 불구하고, 그리 아니하실지라도
> 나의 하나님은 좋으신 하나님입니다.
> 하나님은 내게 정말 정말 좋은 나의 하나님이십니다.

이 찬양을 마칠 즈음, 곧바로 '찬양하라 내 영혼아'로 이어진다.

> 찬양하라 내 영혼아
> 찬양하라 내 영혼아
> 내 속에 있는 것들아 다 찬양하라

이 찬양은 "예배하라 내 영혼아"로 2절부터 부를 때마다 한

절씩 음을 높인다. 음을 높이는 이유는 충만한 임재 가운데 성도들이 올려드리는 찬양과 경배의 깊이와 넓이를 더하기 위함이다. 음정이 높아질 때마다 성도의 소리도 커지고, 찬양의 목소리도 고조되며, 예배의 열기가 배가된다. "내 속에 있는 것들아 다 예배하라", "내 속에 있는 것들아 다 감사하라", 마지막으로 "기뻐하라 내 영혼아"라고 찬양할 때쯤이면, 누가 시키지 않아도 성도들은 모두 하늘을 향해 두 팔을 높이 뻗고 있다. 고개를 들고 하늘을 향해 모두 크게 외치며 찬양한다. 바로 그 순간이면 내 안에 이런 생각이 차오른다.

'더 이상 어떤 은혜가 필요할까? 이보다 더 큰 감동이 필요할까? 이보다 더 큰 충만함이 필요할까?'

이 순간만큼은 모든 성도들이 하나님과 하나가 되는 순간이다. 적어도 이 순간만큼은 전심으로 하나님만 바라는 영적 극단의 순간이다. 적어도 이 순간만큼은 어떤 바람, 어떤 소원, 어떤 간구도 전혀 필요 없는 무아(無我), 무욕(無慾), 무념(無念)의 순간이다. 그냥 이대로 멈춰버렸으면 좋겠다.

더 이상 바랄 것이 없다. 더 이상 아쉬울 것이 없다. 더 이상의 어떤 미련도 없는 순간이다. 하나님으로 충만하면 이런 마음이 든다. 모든 것이 아멘이다. 모든 말씀이 아멘이다. 모든 찬양과 고백이 나의 고백이요, 나의 간증의 순간이다. 하나님을 만나는 절정의 순간보다 경이로운 순간은 없다. 하나님을 만나는 기쁨보다 더 크고 위대한 기쁨은 없다. 하나님을 예배하는 감동보다 더 위대하고 거룩한 감동은 세상에 없다.

03

예배를 통해 배우는 치유 사역

예배 때 치유가 일어나는 이유

죄인의 가장 큰 특징 중 하나는 어둠과 친하고, 어둠을 좋아한다는 점이다. 죄는 숨기고 가리고 피하고 속이려는 습성이 있다. 죄는 주로 뒤에서 몰래 은밀히 짓는다. 솔직하거나 정직하고 투명한 것을 싫어하며, 그 특성상 어둡고 가리고 덮고 감추는 것을 좋아한다. 죄인의 말은 앞뒤가 다르고 좌우가 다르다. 지금 하는 말과 나중에 하는 말이 다르다. 앞에서 웃고 뒤에서는 욕하며, 머지않아 등에 칼을 꽂을 생각을 하고 있다.

교회에서 10년 이상을 알고 지냈는데, 그 사람이 속으로 무슨 생각을 하고 있는지 종잡을 수 없는 사람이 있는가? 집이 어딘지, 직장이 어딘지, 가족관계가 어떻게 되는지, 뭘 좋아하는지, 기도 제목은 뭔지 구체적인 정체를 밝히지 않고 신앙생활 하는 분들이 종종 있다. 물론 그럴 만한 사연과 이유가 충분히 있을 것이다. 그러나 아무리 어둠이 강력할지라도 빛 앞에서는 어쩔 수 없다. 빛이 비춰는 순간 어둠은 즉시 사라진다. 예수님은 이 간단한 원리를 요한복음 8장에서 다음과 같이 설명하신다.

> 예수께서 또 말씀하여 이르시되 나는 세상의 빛이니 나를 따르는 자는 어둠에 다니지 아니하고 생명의 빛을 얻으리라 요 8:12

어두운 방의 전등 스위치를 올리면, 5분이나 10분 후에 천천히 불이 들어오는 것이 아니다. 스위치를 켜는 순간 0.1초도 안 되어 빛이 비춰고, 동시에 어둠은 자취를 감춘다. 이 빛의 원리를 적용하면 굳이 내 삶의 어두움과 싸울 필요가 없다.

두려움이 찾아오면, 두려움의 절친인 염려, 불안, 근심도 같이 찾아온다. 그러나 우리는 굳이 이들과 힘겨운 싸움을 할 필요가 없다. 오히려 열심히 맞서 싸우다가 상대에게 압도당하고 잡아먹힐 가능성이 높다. '두려워하지 말아야지', '염려하지 말아야지', '근심하지 말아야지'라고 생각하면 할수록 더 깊은 두려움, 염려, 근심의 늪에 빠져버린다.

두려움, 염려, 근심을 가장 빠르게 처리하는 방법이 있다. 빛 앞으로 나오면 된다. 빛으로 나오는 바로 그 순간 어둠은 그냥 사라진다. 세상의 빛이신 예수님 앞에 나오면, 그 즉시 어둠의 무장과 결박에서 풀려난다.

최근 목양교회에 몇 가지 새로운 현상들이 눈에 띄게 나타나고 있다. 첫째, 진짜 초신자들이 새가족으로 등록하는 비율이 점점 늘고 있다는 점이다. 누가 전도하거나 이사를 해서 교회를 옮겨 등록하는 것이 아니라, 전혀 믿음이 없던 분인데 그냥 교회 근처를 지나가다가 교회에 들어와 예배를 드렸는데 믿음이 생겨 교회에 등록하시는 분들이다. 사연을 들어봐도 이해나 설명이 안 된다.

둘째, 오래전부터 교회에 출석하며 예배만 드리다가, 드디어 새가족 등록을 하시는 분들이 증가하고 있다는 점이다. 어떤 분들은 1년, 2년, 심지어 10년 만에 결단하고, 교회에 등록하신 분들이 있다. 예배에 은혜를 받고 믿음이 성장하다보니, 이제 자신이 누구인지를 사람들 앞에 밝히고, 어깨를 펴고 당당하게 교회에 나오게 되는 변화 중인 교인들이다.

셋째, 교회에 예배드리러 와도 수년째 뒷자리 고정석에서, 기둥 뒤에 숨어서 예배드리던 분들이 점점 강대 앞쪽으로 한 칸씩 이동하며 예배드리는 모습이 관찰되는 것이다. 그 모습을 볼 때 얼마나 행복한지 모른다. 나는 이 몇 가지 현상이 진리의 빛이신 예수님과 가까워지면 가까워질수록 죄가 어색하고 불편해지는 빛의 속성 때문이라고 믿는다.

너희는 이 세대를 본받지 말고 오직 마음을 새롭게 함으로 변화를 받아 하나님의 선하시고 기뻐하시고 온전하신 뜻이 무엇인지 분별하도록 하라 롬 12:2

예수라는 세상의 빛을 만나 구원을 얻게 되면, 내 속에 죄를 따라가고 세상을 따라가던 죄의 본성이 '뚝' 하고 끊어진다. 더 이상 죄를 짓지 못한다. 죄가 불편하고 어색하다. 죄가 점점 싫어지고 역겹다. 죄 근처에만 가도 몸이 아프고 구역질이 난다. 깨끗해진 내 혼과 영에 강력한 거부 반응이 일어난다. 세상에서 살 때 그렇게 좋아했고, 끊을 수 없었던 일들이 차츰 재미없어진다.

반면에 예배는 점점 좋아진다. 말씀이 꿀과 송이꿀보다 더 달게 느껴진다. 5분, 10분도 길게 느껴지던 기도 시간이 어느새 1시간, 2시간이 지나도 지겹지가 않다. 누가 뭐래도 예수가 더 좋고, 하나님이 좋고, 성령님이 좋다. 충만한 임재의 예배를 절대 빠질 수 없다.

시공간을 초월해 구원과 치유가 일어나는 영적 원리

믿음에는 시제가 있다. 구원은 과거형, 믿음은 현재형, 그리고 소망은 미래형이다. 물론 구원이란 "이미, 그리고 아직"(already, but not yet)이라는 과거, 현재, 미래 시간의 연속선상에 걸쳐 있는 모순적인 시간대를 가진 신비한 사건이지만, 예수 그리스도의 십자가 사건은 이미 2천 년 전 골고다에서 일어난 과거의 사건이다. 하나님은 구약에서 자신을 소개하실 때 "아브라함의 하나님, 이삭의 하나님, 야곱의 하나님"이라는 표현을 사용하신다. 하나님의 이러한 자기 선언은 하나님의 시간은 어제나 오늘이 언제나 현재형임을 강조하는 표현이다.

성경의 시제는 현재형이고, 믿음의 시제 역시 현재형이다. 현재의 믿음이 가장 중요하다. 과거의 믿음도 중요하고, 과거의 성령체험도 중요하고, 과거의 봉사와 헌신도 중요하지만, 오늘, 지금, 그리고 여기의 믿음이 가장 중요하다. 과거의 영광과 헌신에 매여 과거의 영광을 회상만 하는 믿음은 죽은 믿음일 가능성이 높다. 교회의 전통과 제도, 관습과 직분, 기득권에 매여 있는 믿음 역시 죽은 믿음이다. 모든 영성, 모든 믿음, 모든 성령충만의 평가와 판단 기준은 오늘, 지금, 그리고 바로 여기 이 순간이다.

그런데 현재에 집중하는 믿음은 신비한 비밀이 있다. 좀 더 정확히 말해서 '오늘'의 믿음은 과거의 자원과 미래의 소망을 오늘 현재로 집중하여 '지금'의 사건에 몰두하게 하는 역동성을 가진다. 이렇게 과거 성경에 일어났던 믿음의 자원을 오늘, 지금, 여기, 이 자리인 현재에 풀어놓는 신비한 장치를 아남네시스(Anamnesis)라고 한다.

구원과 치유의 아남네시스

'아남네시스'란 과거의 경험이 지금 현재 나의 경험으로 풀어지는 성령님의 역사를 말한다. 이스라엘은 지금도 유월절, 오순절, 초막절을 지킨다. 하나님께서 이 절기들을 지키라고 명하신 이유는 단순히 절기들을 기념하고 감사하라고 주신 것이 아니다. 과거 수천 년 전, 애굽에서 홍해를 가르고, 말과 그 탄 자를 무찌르신 살아 계신 하나님은 오늘 내 인생의 홍해도 가르시고 내 삶의 애굽 군대도 무찌르실 수 있는 오늘, 지금, 여기 이 자리에 역사하시는 하나님이심을 믿음으로 받아들이는 예식이 바로 절기 예식이다. 시공을 초월하시는 성령님을 오늘, 지금, 여기, 이 자리에, 이 순간으로 초대하여 믿음의 사건이 풀어지게 하는 과정이 아남네시스이다.

구원과 치유에 아남네시스를 적용하면 이해가 쉽다. 구원은 이미 2천 년 전 갈보리 언덕 골고다 십자가상에서 예수께서 행하신 과거의 사건이다. 예수님은 이미 2천 년 전에 앞으로 태어날 모든 인류의 모든 죄악을 십자가에서 담당하셨고, 모든 구원을 이미 완벽하게 이루셨다. 그런데 2천 년 전에 이미 이루신 예수님의 구원을 믿으면 오늘 내가 구원받는다. 이미 과거에 이루어진 구원의 사건은, 오늘 나의 믿음의 고백과 선포를 통해 2천 년이라는 시간과 공간을 뛰어넘으시는 예수 십자가 보혈의 능력으로 오늘 나에게 구원이 이루어지는 신비한 사건이다.

그래서 오늘 내가 예수를 믿으면 구원받는다. 오늘 내가 믿으면 내 영혼에 죄사함의 권세가 이루어진다. 과거에 이미 충분하고 완전하게 이루어진 예수 구원의 사건이, 2천 년이라는 시간과 공간을 뛰어넘어 예수 피의 효력을 운반하시는 성령님에 의해, 오늘 나의 죄사함과 구원으로 풀어내는 그 신비하고 놀라운 도구가 바로 '믿음'이다.

구원과 똑같은 원리가 치유에 그대로 적용된다. 그런데 대부분의 그리스도인들은 구원에 대해서는 쉽게 받아들이면서 동일한 원리를 치유에 적용하자고 할 때 주춤거린다. 아니다. 구원과 치유는 동일한 원리로 작동한다. 성경은 분명히 우리에게 예수님께서 채찍에 맞음으로 우리가 모든 질병으로부터 나음을 받았다고 선포하고 있다.

그가 찔림은 우리의 허물 때문이요 그가 상함은 우리의 죄악 때문

이라 그가 징계를 받으므로 우리는 평화를 누리고 그가 채찍에 맞으므로 우리는 나음을 받았도다 사 53:5

친히 나무에 달려 그 몸으로 우리 죄를 담당하셨으니 이는 우리로 죄에 대하여 죽고 의에 대하여 살게 하려 하심이라 그가 채찍에 맞음으로 너희는 나음을 얻었나니 벧전 2:24

믿는 자들에게는 이런 표적이 따르리니 곧 그들이 내 이름으로 귀신을 쫓아내며 새 방언을 말하며 뱀을 집어올리며 무슨 독을 마실지라도 해를 받지 아니하며 병든 사람에게 손을 얹은즉 나으리라 하시더라 막 16:17-18

믿음의 기도는 병든 자를 구원하리니 주께서 그를 일으키시리라… 약 5:15

예수님께서 이미 2천 년 전에 채찍에 맞으시고 피 흘리심으로, 이후 예수를 믿는 모든 자들의 질병과 고통을 대신 담당해 주셨다. 구원의 원리와 동일한 믿음으로 이사야서 53장의 말씀과 베드로전서 2장의 말씀을 믿음으로 선포할 때, 2천 년 전에 이미 이루신 예수 그리스도의 치유의 역사가 시간과 공간을 초월하여 믿음으로 기도하는 환우들의 병을 치유할 수 있다.

아남녜시스의 통로 : 고백과 선포

만일 구원과 치유의 원리가 동일하다면, 이제 현장에서 실행하고 도전해보는 일만 남았다. 2천 년 전에 이미 이루신 구원, 2천 년 전에 이미 이루신 치유를 오늘 나의 현장으로 가져오는 통로는 바로 '믿음'이다. 그리고 그 '믿음'을 풀어내는 영적 열쇠가 바로 '고백과 선포'이다.

예배 때마다, 기도할 때마다, 말씀을 펼칠 때마다, 하나님께서 감동을 주시는 순간순간마다, 내 질병의 아픔과 통증에 집중하기보다, 나의 심중에 생수의 강이 이미 임한 것을 믿으며, 믿음으로 그 생수의 강물이 온몸과 세포와 기관과 조직에 흘러들어가 하나님이 치유하심을 믿음으로 선포해보라. 시간과 공간을 초월한 예수 보혈의 능력이 내 질병을 고치고, 상한 마음을 고치며, 고난과 시련 앞에 두려움과 불안으로 벌벌 떨고 있는 내 혼과 육을 새롭게 하실 것을 믿음으로 취하고, 용기 내어 입술로 선포하라.

물론 이런 믿음의 고백과 선포가 한두 번의 시도로 즉각 이루어지기도 하지만, 대부분 빨리 이루어지지 않는다. 그렇다고 해서 포기하거나 낙심할 필요가 없다. 그냥 계속 시도해보는 것이다. 될 때까지 말이다. 지속적인 시도, 지속적인 선포, 아무 일이 없어도, 아무 변화가 없어도, 현실과 감각에 의존하는 습관을 버리고, 계속 시도하고 도전해보아야 한다. 이런 지속적인 시도와 선포 역시 믿음의 중요한 요소이기 때문이다. 예수님은 이런 믿음을 보신다. 예수님은 이런 믿음을 요구하신다.

중풍병자와 친구들은 사람들이 너무 많아 예수님께 가까이 갈 수 없을 때 그대로 포기하지 않았다. 지붕 위로 올라가 지붕을 뜯고 중풍병자가 누운 상을 달아 내렸다. 수로보니게 여인은 예수님의 거절에도 불구하고 상 아래 떨어진 부스러기라도 먹겠다는 심정으로 간청했다. 피가 나는 부정한 여인으로 밝혀진다면 돌에 맞아 죽을 수 있음에도, 죽어가는 야이로의 딸을 살리러 가는 무리를 헤집고 들어가 끝내 예수님의 옷술을 만져 혈루증을 치유받은 여인과 같은 믿음 말이다.

이처럼 포기하지 않는 믿음, 아니 포기할 수 없는 절박함이 담긴 믿음의 기도가 계속 이어지다가, 알 수 없는 영적 경계선의 어느 지점을 넘어서는 순간 '홀연히' 질병이 떠나가고 문제가 해결된다. 2천 년 전 예수님이 채찍에 맞으심으로 모든 질병이 고침을 받았다는 믿음으로, 시공간을 초월하여 역사하시는 성령님의 운행하심을 통해 어느 순간 통증이 사라지고, 증상이 멈춰지고 온전해진 내 몸을 확인할 수 있게 된다. 바로 그때 치유가 일어난다. 바로 그때 기적이 일어난다. 바로 그때 응답이 이루어진다.

성령님의 응답 속도 : 급속한 치유와 점진적인 치유

치유에 대한 사역이나 개인적인 기도를 할 때 반드시 기억해야 할 사항이 있다. 모든 치유의 주관자요, 주권자는 하나님이시라는 것이다. 치유의 시기도, 치유의 방법도, 치유의 과정도, 치유의 결과도 모두 하나님의 손 안에 있다.

나는 목양교회에서 성령집회를 인도하며 수많은 환우들의 치유 과정을 지켜보았다. 그런데 하나님의 치유 방법은 사람마다 질병마다 사연마다 환우 각 개인이 걸어온 인생의 여정마다 단 한 건도 동일하게 일어나지 않았다. 환우마다 다르고, 질병마다 다르며, 상황마다 모두 다 달랐다. 어떤 치유도 획일적이거나 일방적으로, 가볍고 쉽게 일어나지 않았다. 어떤 치유는 급속하게 단 1초도 걸리지 않고 순식간에 일어났다. 당연하다. 성령님은 하나님이시고, 천지만물의 창조자이신데, 어떤 질병이라도 순식간에 멈추고 바로 고쳐주실 수 있다.

예수님께서 회당장 야이로의 딸을 살리실 때에도 "달리다굼"

이라는 단 한마디 말씀으로 죽은 자를 살리셨다. 치유 사역을 하다보면, 어떤 분들은 예배 중 찬양하다가 갑자기 통증이 사라졌다고 고백한다. 열심히 말씀을 듣고 있었을 뿐인데, 예배가 끝나고 보니 자신도 모르는 사이에 골절되었던 뼈와 인대와 근육의 통증이 치유되었다는 고백도 있었다. 그러나 많은 경우 치유는 점진적으로 이루어지거나, 환부의 범위가 서서히 축소되면서 일어나게 된다는 것을 배웠다.

2023년, 큰 수술을 앞둔 청년 자매가 한 명 있었다. 일단 여성 청년인데 개복수술 후 남을 흉터에 대한 부담이 컸고, 폐와 심장 사이의 혹을 제거하는 아주 정밀하고 세밀한 수술이라서 청년부 주일예배 때 이 자매를 위해 특별히 중보기도를 했다. 그런데 월요일 수술 당일 아침, 병원에서 다시 사진을 찍었을 때, 5.7센티였던 종양이 3.5센티로 줄어든 것이 발견되었다. 종양의 크기가 크게 줄었기 때문에 의료진들은 개복수술에서 흉강경으로 수술을 변경하여 진행하였고, 수술은 성공적으로 끝났다. 수술 이후 아주 작은 수술 흔적만 남게 되었다. 이 자매의 경우 하나님의 치유가 일어났으나 종양의 크기가 작아져 상처의 깊이와 범위가 축소되는 형태로 일어난 사례이다.

또한 치유받기 원했던 부위가 아닌, 생각지 않던 엉뚱한 부위가 치유되는 경우도 있었다. 어떤 성도님은 심장과 혈압, 혈관의 치유를 위해 계속 기도했는데, 예배 후 뜻밖에 담석이 빠져나오는 치유를 경험하게 되어 감사하면서도 당황스러웠다고 말했다.

이렇듯 치유에는 급속한 치유만 있는 것이 아니다. 속도가 느려도 꾸준하고 점진적인 치유가 있다. 환자 자신이 고침을 받기 원하는 환부가 치유되기도 하지만, 때로는 환자 본인이 전혀 기도하지 않은, 그런데 성령님께서 만지고 고치시기 원하는 환부가 치유될 수도 있다는 사실을 배웠다.

2023년 금요성령집회가 다시 시작되고, 지금까지 2년 넘게 매주 수요일 저녁예배 전에 내 방에 와서 기도를 받고 예배를 드리던 한 청년이 있다. 그는 청력과 구강 구조에 문제가 있어서, 말은 하는데 발음을 알아듣기가 어려워 다른 사람과의 대화가 어렵고, 그래서 사회생활, 직장생활, 대인관계에 어려움을 겪고 있다. 하지만 이 청년의 예배를 향한 열정, 그리고 구강 구조와 말하기 문제를 치유받고 싶어 하는 열정은 누구보다 간절했다.

그는 모든 예배마다 예배당 맨 앞자리에서 두 손을 높이 올리고 찬양과 기도를 드리며 예배하고, 통성기도 시간이 되면 어김없이 복도로 나와 무릎을 꿇고 울부짖으며 기도하는 청년이다.

그가 꾸준히 기도를 받고 하나님 앞에 예배한 결과, 처음보다 약 50-60퍼센트 이상 좋아져서 이제는 이 청년의 말을 어느 정도 알아들을 수 있게 되었다. 그러니까 그는 2023년부터 지금까지 지속적인 치유를 경험하고 있으며, 현재도 치유가 진행 중인 셈이다. 이 청년을 아는 대부분의 성도님들도 매주 그의 언어 능력이 향상되고 있고, 이렇듯 지속적인 치유가 계속 일어나다가 어느 순간 청년의 구강 구조와 발음이 완치될 것을 위해 지금도 기도한다. 나 역시 하나님께서 조만간 이 청년의 간절한 기도에 응답해주실 것을 믿고 매주 수요일마다 찾아오는 그를 반갑게 맞아 함께 기도드린다.

치유의 증상이 재발할 때

예배를 통해 하나님의 치유와 표적을 체험하는 것만큼 감격적인 순간이 또 있을까? 날마다 놀라운 치유의 은혜가 지속되는 삶이란 얼마나 황홀하고 경이로울까? 그런데 교회에서 치유와 다양한 표적들이 일어나도 그 치유와 표적을 경험한 성도들의 삶이 반드시 좋은 결과로 이어지는 것은 아니라는 것을 깨달았다.

치유를 받았지만 증상이 재발하거나 기적적으로 문제가 해결되었는데 전혀 엉뚱한 부분에서 다른 문제가 발생하거나, 더 큰 어려움을 맞이하게 되는 상황에 처하기도 했다. 예를 들면, 암 진단을 받은 후 성령집회에 참석하여 치유를 경험했는데, 몇 달 후에 다시 재발한다거나 다른 부위로 급격히 전이가 되는 경우가 그렇다. 어떤 분은 몸은 치유를 받았는데, 재정적인 어려움이 와서 긴급 중보기도를 요청하기도 했다.

나는 성도님들의 다급한 중보기도 제목들을 보며 두 가지 분명한 사실을 깨달았다. 첫째, 이 땅에서 살아가는 육신의 삶은 불완전하고 연약하고, 둘째, 육의 몸은 한계가 있다는 것이다. 결국 육은 아프고, 병들고, 죽는다. 이 땅에서 아무리 복을 받고 행복을 누려도 마지막 순간에 우리를 기다리는 것은 결국 죽음이다. 나이가 들고 노화가 진행되고 심신의 기능이 약화되어 고통스럽고 불편해지는 일들도 모두 자연스러운 하나님의 섭리이다. 하나님의 섭리이기 때문에 막을 수 없고 순응해야 한다.

살리는 것은 영이고 육은 무익하다. 죄성을 가지고 태어나 연약한 인생을 살다가 죽는 필멸의 몸을 지닌 존재에게 이 땅의 삶에서 영생불사와 만사형통을 기대할 수는 없다. 인생에서 고난의 파도는 끝없이 몰려온다. 이 고난의 파도를 맞는 여정은 누구에게도 예외가 없다. 그리고 모든 것은 죽어야만 끝나게 된다.

완전히 죽을 때, 완전히 새롭게 시작할 수 있다.

신비한 치유의 체험 이후 증상이 재발하거나 다른 문제가 발생하는 일은 어떤 면에서 너무 당연한 일이다. 예수님께서 살리신 회당장 야이로의 딸 역시 결국 어찌 어찌해서 다시 죽었을 것이다. 죽은 지 나흘이나 되었는데도 무덤에서 살아난 나사로 역시 다시 흙으로 돌아갔다. 병에서 나음을 얻었다고 해서 내 삶에 다시는 고통이나 질병의 어려움이 없을 것이라는 기대 자체가 오히려 난센스이다.

예수님의 이름으로 우리는 나음을 입는다. 그러나 우리는 또다시 아프게 될 것이다. 병은 얼마든지 재발이 가능하다. 하나님으로부터 치유받은 내 병이 재발했다고 그것이 하나님의 무능이나 나의 믿음 없음을 나타내는 증거는 될 수 없다. 신비한 치유 체험, 기적 체험 이후 이전보다 더 심각한 질병, 더 심각한 고난의 파도가 언제든지 얼마든지 찾아온다.

이보다 더 행복할 수 없을 것만 같은 충만한 은혜를 입은 다음 날, 갑자기 상상하지도 못했던 절망과 탄식의 순간을 맞이할 수도 있다. 모든 것은 결국 주님 손 안에 있다. 모든 것은 결국 주님의 주권이다.

그러니 치유도 재발도 하나님의 손에 맡기고 하나님께서 이끄시는 삶의 리듬을 따라 믿음의 길을 묵묵히 걸어가야 한다.

응답하심도 하나님의 은혜요, 거절하심도 하나님의 헤아릴 수 없는 은혜이다. 치유받음도 하나님의 은혜요, 치유되지 않음도 여전히 하나님의 은혜이다.

이 사실을 알 때 치유의 경험을 초월할 수 있고, 기적에 현혹되지 않는 믿음이 생긴다. 이 사실을 마음에 품을 때 거절하신 응답에도 "아멘"이라고 말할 수 있다. 이 사실을 마음에 담을 때 내 뜻대로 안 되어도, 내 생각을 벗어났을지라도 여전히 나를 사랑하시고 여전히 나를 바라보시는 하나님 아버지의 신실하심을 믿고, 그분의 넓은 품 안에서 평강을 누릴 수 있다.

기적의 역기능

복음서를 보면 예수님의 치유와 표적, 그리고 권능은 낭비된 적이 없다. 예수님은 기적을 표적으로만 사용하셨다. 표적이란 메시지가 있는 기적을 말한다. 단순한 기적은 사람들을 놀라게 하고 주목시키고, 이해관계로 변질될 가능성이 높다. 그러나 표적은 분명한 메시지를 준다. 예수님의 모든 기적은 정확히 예수가 메시아라는 메시지를 내포한다.

예수님은 기적을 남용하지 않으셨다. 그리고 지금도 그렇게 일하신다. 기적의 위험성 때문이다. 치유, 기사, 이적, 표적은 좋은 것이나 그 이면에 심각한 역기능적인 요소가 있다. 요한복음 6장에는 유명한 오병이어 기적의 사건이 등장한다. 사도 요한은 오병이어 사건을 상세히 기록하면서 오병이어를 통해 주시는 예수님의 강력한 영적 메시지와 함께, 오병이어 기적의 부작용 증상을 정확하게 기록한다.

> 그 사람들이 예수께서 행하신 이 표적을 보고 말하되 이는 참으로 세상에 오실 그 선지자라 하더라 그러므로 예수께서 그들이 와서 자기를 억지로 붙들어 임금으로 삼으려는 줄 아시고 다시 혼자 산으로 떠나 가시니라 요 6:14-15

사도 요한은 오병이어 표적의 긍정적 영적 효과를 먼저 이야기한다. 사람들은 오병이어 사건을 표적으로 깨닫고, 예수님이 성경에서 예언한 바로 그 사람, 즉 메시아임을 알게 되었다고 기록한다. 표적은 우리의 믿음을 강화시키고, 믿음을 가속시키며, 믿음의 도약을 일으킨다.

표적을 경험한 사람과 표적을 경험하지 못한 사람의 신앙은 전혀 다르다. 표적과 기사와 이적을 통해 사람들은 부인할 수 없는 하나님 체험을 하게 되며, 하나님을 인정하게 된다. 따라서 믿음의 여정 중에 표적을 체험하는 일은 우리에게 큰 힘과 위로가 된다. 그런데 표적에서 메시지를 빼먹고 기적에만 주목하면, 다음과 같은 부작용이 일어난다.

> 그러므로 예수께서 그들이 와서 자기를 억지로 붙들어 임금으로 삼으려는 줄 아시고 다시 혼자 산으로 떠나 가시니라 요 6:15

오병이어 사건 이후 사람들이 예수님께 몰려왔다. 예수님을 억지로 붙들어 자신들의 임금, 즉 정치적인 왕이 되어달라고 요청한 것이다. 이유가 무엇일까? 예수님께서 자신들이 있는 곳에 계속 머물며 필요할 때마다 자신들이 원하는 기적을 일으켜달라고 하기 위함이다. 배고플 때마다, 돈이 필요할 때마다, 어려움과 위기가 올 때마다, 필요를 채워주고 위기에서 구해주기를 기대했기 때문이다. 로마의 강력한 통치로부터의 정치적 독립, 빈곤과 가난으로부터의 경제적 풍요, 풍성한 복지 혜택을 누릴 수 있기를 기대했기 때문이다.

이것이 바로 표적이 기적으로 변질될 때 일어나는 무서운 역기능이다. 기적이 일어나면 일단 모두 놀란다. 그리고 일정 기간 하나님께 감사한다. 기적의 여운으로 더 없는 충만함과 행복감을 느낀다. 그러나 시간이 지나면 얼마 전에 체험했던 기적보다 더 큰 기적을 바라는 욕심이 일어난다. 물론 전에 드리던 기도보다 수십 배 수백 배 더 기도가 간절해진다. 한 번 기도 응답을 경험해보았기 때문에 간절함이 훨씬 더하다. 예배 참여 빈도 역시 점점 늘고, 예배의 열정은 갈수록 뜨거워진다. 생전 처음 해보는 금식기도, 새벽기도, 철야기도에도 도전해본다.

그러다가 교회에 머무는 시간이 늘어날수록 가정에서의 책임이 느슨해진다. 신령한 일을 사모한다는 그럴듯한 핑계로 육아도, 가사도, 배우자와 부모님을 챙기는 일에도 소홀해진다. 학교 수업과 강의 시간을 빼먹고 수련회 답사를 가고 지역사회 봉사를 나간다. 직장에 출근해서도 충실하게 일하지 않는다. 사업을 구상하고 진행하는 일에 온 몸을 던져서 일하고 싶지 않다. 기도의 분량이 채워질 어느 순간, 홍해가 갈라지듯 모든 문제가 한꺼번에 해결될 것 같은 신비로운 기적을 기대하면서 말이다.

그래서 예수님은 기적을 아주 조금씩, 가끔 일어나게 하신다. 기적이 표적이 되어 우리를 믿음으로 이끌기보다 표적이 기적으로 변질되어 우리의 일상을 망치는 재앙이 되기도 하기 때문이다. 표적이 기적이 될 때 믿음이 변질된다. 표적이 기적이 될 때 믿음은 현실을 도피하는 안일한 핑계가 된다. 표적이 기적이 될 때 충실해야 할 일상은 로또를 기대하는 게으름뱅이의 일상이 된다.

하나님의 기적은 놀랍도록 감사할 일이다. 날아갈 듯 기쁘고 신나며 행복한 사건이다. 대대손손 이어지는 가문의 영광스러운 하나님의 흔적이요 간증거리이다. 의심할 여지 없이 하나님의 기적은 믿음의 결정적인 통로로 쓰임 받는다.

하지만 기적을 통해 우리는 표적을 보아야 한다. 기적을 통해 우리는 예수님을 더 사랑할 수 있어야 하고, 기적을 통해 매일매일 주어진 평범한 일상에 감사하며 그 일상에 성실해야 한다. 그리고 그 기적을 통해 날마다 동행해주시는 하나님의 전지전능하심을 생생히 체험할 수 있어야 한다.

PART 2

예배는 하나님과의 만남이다

04

예배를 통한 부르심의 시작

전기공학도, 신학생을 부러워하다

전기공학을 전공하던 대학교 1학년 여름방학 때 나는 강력한 성령체험을 하였다. 1986년 8월 하나님을 만난 그 체험이 내 인생에 커다란 변곡점이 되었고, 하나님을 제대로 만나고 나니 이전의 삶으로 다시 돌아갈 수 없었다. 아니, 왠지 전혀 다른 인생을 살아야 할 것 같은 힘에 압도되어 하나님의 손에 질질 끌려가는 느낌이었다.

나는 공대생으로서 학업에 흥미를 잃고, 미친 듯이 매일 성경을 읽기 시작했고, 교회 사역과 전도에만 전념했다. 학교 수업보다는 선교 관련 단체 모임을 쫓아다니며, 대학 4년이라는 시간 대부분을 주로 교회에서 보냈다. 그냥 교회에 가는 것이 좋았다. 무슨 이유가 없었다. 그냥 무조건 좋고 행복했다. 예배드리는 일이 기쁘고 하나님 앞에 쓰임 받는 순간이 감격스러웠다.

당시 내가 살던 집에서 모교회인 영주교회(대한예수교 장로회 통합측, 평양노회)까지는 대중교통으로 약 1시간이나 걸렸지만, 나는 일주일에 대여섯 번씩 교회에 가서 기도하고, 노방 전도와 고등부 교사, 청년부 임원, 성가대 봉사를 하며 하루하루를 보냈다.

대학교 1학년 때부터 나는 산학 장학생으로 선발되어 등록금과 매달 용돈까지 받았고, 군대도 4주간의 기초 군사훈련만 받은 다음 연구실에서 근무하는 것으로 군 복무를 대신하는 혜택까지 누리고 있었다. 하지만 학년이 높아질수록 고민이 깊어졌고, 전공과 신앙 사이에 갈등이 계속되었다. 전공인 전기공학은 갈수록 재미가 없고, 점점 흥미를 잃었다. 그러나 성경을 읽고 예배드리며 매주 남산에 올라 청년들과 찬양하며 전도지를 나눠주는 일은 할수록 재미가 있고, 그 결과도 풍성했다.

당시 내가 부러워한 사람들은 장로회신학대학교 신학생들과 영주교회에서 사역 중인 파트 전도사님들이었다. 물론 매주 영주교회 강단에서 설교하시는 담임목사님이 가장 부러웠다. 대학교 1학년 때부터 대기업에 취업하여 온갖 좋은 혜택을 다 받으며 공부하는데도, 학교를 향한 걸음은 한없이 무거웠고, 사역과 예배를 위해 교회로 향하는 걸음은 가볍고 즐거웠다. 신학교를 가고 싶었지만 모든 것을 포기하고 무작정 신학교에 가기엔 나를 묶고 있는 짐들이 너무 많았다. 장남이라는 책임과 부담감, 하나님께서 나를 목회자로 부르셨는지에 대한 확신이 없어서 갈등과 고민 속의 대학생활을 보내고 있었다.

신학의 길을 주저했던 가장 큰 고민은 부모님이었다. 넉넉지 않은 가정 형편에 아들이 대기업에 입사하면 자기 앞가림은 물론 집안 경제에도 도움을 줄 것으로 기대하는 아버지의 기대를 저버리고 싶지 않았다. 그때까지도 나는 아버지에게 "No"라고 해본 적이 없는 아들이었다. 부모님 말씀이면 일단 무조건 "Yes"라고 대답하고, 항상 그 이상의 결과로 기쁨과 만족을 드리기 위해 노력해왔는데, 전공을 포기하고 신학을 하겠다는 말을 도저히 입 밖에 낼 수 없었다.

고민과 갈등의 시간을 보내던 대학교 4학년 가을, 고려대학교에서 경배와 찬양 집회가 열렸다. 당시 하스데반 선교사님이 인도하는 경배와 찬양 운동은 한국 교회뿐 아니라, 세계적으로 많은 청년들과 성도들을 하나님 앞으로 돌아오게 하는 강력한 예배 운동이었다. 나 역시 경배와 찬양 집회를 사모하여 대학로 경배와 찬양 집회, 잠실 주경기장 찬양 집회, 가끔 온누리교회 목요찬양예배에 참석하며 큰 은혜를 받고 있었는데, 모교인 고려대학교에서 경배와 찬양 집회가 열린다는 소식에 이 집회에 무조건 참석하겠다고 결심하고 이 날이 오기만을 간절히 기다렸다.

예배의 힘, 성령님께 감전되다

안암동 본교 대운동장에 거대한 규모의 경배와 찬양 집회 시설이 세팅되었고, 교회 후배들과 함께 두근거리는 마음으로 집회에 참석했다. "전기공학 대학원을 가야 하는가? 포항공대 대학원을 가야 하는가? 대기업에 바로 입사해야 하는가? 아니면 모든 것을 포기하고 신학교를 가야 하는가?"라는 그 당시 인생의 가장 큰 기도 제목을 가지고 간절하게, 너무도 간절하게 하나님의 응답을 듣고 싶은 마음에 참석한 집회였다.

집회는 기대했던 것 이상으로 뜨거웠고 감동적이었다. 학교 운동장은 전국에서 모여든 5천여 명의 찬양과 기도 소리로 진동했고, 충만한 하나님의 임재는 안암동 일대를 진동시켰다. 집회만큼이나 나 역시 뜨겁게 불타오르고 있었다. 목청이 터져라 찬양과 기도에 열을 올리며 나는 예배에 점점 몰입했다.

'아, 그냥 여기 이 자리에서 이대로 시간이 멈춰버리면 좋겠다' 이런 생각을 하고 있을 때 갑자기 하스데반 선교사님의 콜링(Calling)이 시작되었다.

"지금, 이 시간, 하나님, 제가 앞으로 평생 하나님을 위해서 살겠습니다. 하나님나라의 복음을 위해 내 삶 전부를 하나님께 드리겠습니다. 이런 생각과 마음이 드시는 분들은 하나님의 부르심이라 믿으시고 모두 앞으로 나와 강대에 무릎 꿇고 기도

하십시오! 주저하지 말고 앞으로 나오십시오! 하나님께서 지금 당신을 부르고 계십니다! 앞으로 나오십시오! 용기를 내십시오!"

물론 전에도 부흥회나 다른 집회에서 이런 초대 멘트를 수십 번도 더 들었다. 그때마다 '나는 아니야, 아니지, 나는 아직 아니야!'라는 다짐으로 흔들림이 없었다. 그런데 이날의 콜링은 이상하게 내 귓전을 때렸고, 귀를 타고 내 심령 깊은 곳으로 쑥 내려가고 있었다. 나는 무엇에 홀린 듯 벌떡 몸을 일으켰다.

"지체하지 마십시오. 주저하지 마십시오. 하나님을 믿고 그분 앞에 인생을 던지고 맡기십시오!"

거듭 반복하며 운동장 가득 퍼지는 콜링 멘트는, 하나님께서 나에게 "내가 지금 너를 부르고 있다. 내가 너를 찾고 있다. 네가 그토록 기다리던 부름이 바로 이 부름이다"라는 메시지로 들렸고, 하나님의 음성이 틀림없다는 확신이 들자마자 나는 자리를 박차고 앞으로 달려나갔다. 나는 즉흥적이거나 순간적인 감정에 이끌려 경솔히 결정을 내리는 사람은 아니다. 오히려 극도의 신중형으로 사람들이 답답해할 만큼 결정이 느리고 오래 생각하는 성격이다. 그런데 그 순간만큼은 무슨 용기가 생겼는지, 무슨 힘이 솟았는지, 설명할 수 없는 강력한 힘에 이끌려 앞으로 나갔다. 내 앞길, 내 인생, 내 꿈, 내 목표, 내 생계의 문제와 가족에 대한 염려, 이 모든 것을 초월하는 강력한 하나님의 팔이 나를 잡아당겼고, 그 힘에 압도되어 강단 앞으로 끌려 올라간 것 같다.

강대 앞에 오르자마자 나는 바로 무릎을 꿇었다. 그동안 참고 참았던 눈물샘이 터지고 폭포수 같은 눈물이 쏟아져 내렸다.

"하나님, 저는 정말 아무것도 모르겠습니다! 도무지 어떻게 해야 할지 전혀 모르겠습니다. 어떻게 신학교에 가야 하고, 어떻게 목회해야 하는지도 전혀 모릅니다. 목회를 잘할 자신도 없고, 설교를 해본 적도 없습니다. 하나님, 다 알고 계시지요? 저는 장남이어서 집과 가족들에 대한 책임도 부담도 큰 사람입니다. 하나님, 그래도 저는 제가 받은 소명의 길을 걸어가고 싶습니다. 저를 위한 삶이 아니라 예수님을 위해 살고 싶습니다. 제 인생을 하나님 앞에 올려드립니다. 부족하고 부족하고 또 부족한 저이지만, 하나님께 제 삶을 드립니다. 받아주세요!"

나를 포함한 수백 명의 대학생과 청년들이 평생 하나님의 사람으로 헌신할 것을 다짐하였다. 그 날 그 결단의 순간은, 이전까지 나를 묶고 있던 단단한 세상의 동아줄을 끊어버리고, 예수님 품에 온몸을 던진 내 인생 최초의 영적 각성이었다. 세상이 내게 준 정해진 일상, 정해진 진학, 정해진 취업, 정해진 성공을 향한 쳇바퀴 항해를 그 자리에서 멈추고, 광활하고 위대한 하나님의 영적 신세계에 첫발을 내딛는 순간이었다.

그 힘이 바로 예배의 힘이었다. 세상에 강력히 구속되었던 강한 결박을 끊어낼 수 있는 더 큰 능력이 바로 예배의 능력이었다. 수십 년간 익숙해질 대로 익숙해진 나의 습관, 내 고집, 내 편견, 내 관성과 내 틀, 내 판단과 결정의 견고한 진(陣)을 완전히 박살 내고, 하나님께서 펼쳐 가실 전혀 새로운 세계, 새 질서, 새 세상, 새 경험의 세계로 도약하게 만드는 강력한 힘을 나는 예배를 통해 얻을 수 있었다.

공학대학원생에서 신학대학원생으로

일단 그렇게 드라마틱한 결단을 했지만, 집에 돌아와보니 현실은 하나도 바뀐 것이 없었다. 오히려 경배와 찬양 집회를 통해 결단을 내린 이후에 마주하는 현실을 인식할 때마다 스트레스와 우울이 몰려왔다. 결단만 하면 되는 줄 알았다. 하나님의 부르심에 "Yes"라고 응답하기만 하면 저절로 새 세상이 열리고, 하나님께서 그다음 단계로 착착 인도하실 거라 기대했다. 갑자기 누군가 찾아와 내게 어디로 가라고 한다든지, 후원자가 나타나 돈 걱정 말고 평생 후회 없이 마음껏 목회하라든지, 아니면 엄청난 은사가 부어져 사람들이 구름떼처럼 몰려들어 사역의 길이 열리지 않을까 하는 엉뚱한 기대를 한 것 같다.

그러나 현실은 아무것도 달라진 것이 없었다. 세상은 여전히 분주하게 돌아가고 있었다. 내가 하나님 앞에 헌신하기 이전이나 이후나, 세상은 조금도 변한 것이 없었다. 그냥 나만 바뀌었다. 나만 은혜받았고, 나만 결단했고, 나만 마음속으로 진로를 바꾼 것이다.

그러나 지금 돌이켜보니 예배를 통한 하나님의 부르심은 작고 초라한 변화에서부터 출발한다. 조용히 그리고 천천히, 그러나 점진적으로 일어난다. 다른 사람들에게는 드러나 보이지 않는다. 그러나 그것은 결코 작지 않은 결단이며 그것을 기점으로 하나님이 이미 내 삶에 일하고 계셨음을 발견하기까지는 그리 오랜 시간이 걸리지 않았다.

1989년 대학교 4학년 가을이 영적 껍질을 깨고 나온 첫 경험이었다면, 이듬해인 1990년 공대 대학원 1학기를 마치고 난 여름방학은 나의 인생 진로를 완전히 바꾸는 터닝 포인트가 되었다.

하나님께 내 삶을 드리기로 결단한 이후 내 삶은 고민과 생각의 연속, 그리고 기도의 연속이었다. 결단은 했지만 언제 어떤 사인(sign)을 받고 실행에 옮겨야 하는지, 지금의 전공은 언제 그만두어야 하고 부모님께는 언제 말씀드려야 하는지, 기업과의 해약은 어떻게 하고 신학을 하면 재정의 문제를 어떻게 해결하며 살아야 하는지 등등 고민거리가 한둘이 아니었다. 교회에서 기도하고, 예배드리고, 말씀을 읽으며 하나님을 바라볼 때는 부르심의 길을 갈 수 있다는 사실에 한없이 행복했다가 현실을 생각하면 숨이 턱턱 막히고 가슴이 답답해졌다.

복막염을 통해 받은 계시

고민이 깊어지던 어느 날, 갑자기 몸에 이상 증상이 발생했다. 그동안 소화가 안 되고 식은땀이 나고 잦은 배탈과 설사가 있었는데, 급기야 위경련으로 응급실에 가는 일들이 몇 차례 일어났다. 학교 수업 중에, 길을 가다가, 밤에 자다가도 갑자기 위가 꼬였다. 위경련이 시작되면 온몸으로 통증이 퍼지며 그 자리에 고꾸라져 데굴데굴 구를 수밖에 없었다. 위경련의 조짐이 보이면 금세 얼굴이 굳어졌고 공포감에 사로잡혀 택시를 타고 바로 병원 응급실로 향하곤 했다.

이런 일이 수차례 반복되던 8월 중순경, 극도의 복통으로 응급실로 실려가 여러 검사를 진행했는데, 급성 맹장염이 복막염으로 진행되었다고 해서 수술 후 3일간 입원하게 되었다.

이 수술과 입원을 통해 나는 지금이 하나님께서 나를 부르고 계시는 시기가 분명하다고 확신했다. 그래서 더 이상 고민하지 말고 아버지께 말씀드려야겠다고 결심했다. 퇴원하고 난 뒤 나는 아버지와 어머니에게 나의 진로에 대해 솔직히 말씀드렸다. 예상대로 아버지는 불같이 화를 내셨다. 일체의 대화나 만남도 거절하시며, 신학을 하려고 하는 나의 의견에 정면으로 반대하셨다.

"교회 봉사는 얼마든지 하거라. 그 대학에 입학하게 하신 분도 하나님이시고, 전공을 선택하게 하신 분도, 회사에 취업하게 하신 분도 하나님이시니 너는 공학의 길을 가면서 얼마든지 하나님께 봉사하는 삶을 살 수 있다. 다시 한번 생각해라. 나는 네가 신학 하는 것을 허락할 수 없다."

한 번도 부모님께 불순종해본 적이 없던 내게 아버지의 고통과 당황스러움이 고스란히 전해졌다. 아버지를 사랑하고 아버지가 평생 가족을 위해 얼마나 고생하셨는지 너무 잘 알기 때문에 아버지께 죄송하고 또 죄송했다. 어머니는 그런 아버지와 나 사이에서 눈치를 보며 힘들어하셨다. 어머니는 대학 입학 때부터 내가 교회에 열심인 것을 보시고 언젠가 목사가 될 것 같다고 생각하셨던 모양이다.

아버지와 만나지 못하고 대화도 막힌 채 20년처럼 느껴진 2주가 지난 어느 날, 아버지의 호출이 있었다. 아버지는 내게 단 한 번의 기회를 주셨다.

"기회는 이번 한 번뿐이다. 올해 신학대학원 입학시험에 떨어지면 하나님의 뜻이 아닌 줄 알고 다시 대학원으로 복학하고 회사에 입사해야 한다. 더 이상의 기회는 없다. 이 약속을 지키겠다면 허락해주겠다!"

나는 아버지께 진심으로 감사드렸다. 아버지의 허락을 기점으로 장로회신학대학원 시험까지 남은 기간은 단 석 달, 시험을 준비하기에 시간이 상당히 모자랐지만 이런 기회는 다시 오지 않을 것 같았다. 나는 석 달 동안 미친 듯이 공부했고, 그해 겨울 시험에 합격하여 원하고 바라던 신학의 길, 목회자의 첫걸음을 내딛게 되었다.

신학의 길과 상담의 길이 동시에 열리다

장로회신학대학원에 입학하여 신학과 목회의 길로 접어든 것은 내 인생에 새로운 지평이 열리는 순간이었다. 신학은 수업 내용과 수업 평가 형식이 공대의 방식과 달라도 너무 달랐다. 나는 무엇무엇에 대해 논하라는 서술식의 시험 방식이 낯설고 어색했다. 하지만 그래도 좋았다. 신학 용어가 어렵고 개념 이해가 어려워도 지난 대학교 4년간 간절히 사모한 그 자리에 내가 있다는 자체가 좋았다. 신학교에 가는 발걸음이 행복했고,

수업 시간에 성경을 배울 수 있어서 행복했다.

매주 진행되는 채플에는, 전국에서 그리고 전 세계에서 건강하게 목회하는 목사님들의 설교와 목회 경험들을 들을 수 있었다. 목회 실습을 통해 현장에서 목회를 어떻게 해야 하는지에 대한 구체적인 이론과 방법들, 그리고 교과서에는 없는 현장의 노하우들을 배울 수 있었다. 마치 예수님과 결혼해서 허니문 기간을 보내는 것처럼 하루하루 신학교 생활이 즐겁고 교육전도사로 사역하는 것 또한 좋았다. 매일 하나님과 동행하며 성경을 연구하고, 하나님의 일을 할 수 있다는 것만으로도 나는 충분히 행복했다.

그러다가 앞으로는 각 분야에 전문가가 필요한 전문가 시대가 올 텐데, 신학을 배우는 동시에 다른 전공을 더 선택하여 전문성을 습득하면 좋겠다는 생각이 들었다. 하나님께서 주신 지혜라 생각하고 몇 주에 걸쳐서 기도하며 고민하다가 목회상담이라는 전공이 있음을 알게 되었다. 대학교 1학년 때 교양 과목으로 상담학 개론을 수강했는데, 나는 그 과목이 대학에서 들었던 모든 과목 중에 가장 재미있었다. 그러니 기왕 전공을 선택하려면 나도 좋아하고 목회에도 유익한 과목이면 좋겠다 싶어 1학년 2학기부터 목회상담학을 수강했다. 나는 바로 이 과목이다 싶었다.

그 후로 나는 상담학 과목을 전부 수강했다. 상담학은 들으면 들을수록 재미가 있었고, 더 배우고 싶은 욕구가 생겼다. 알면 알수록 궁금증이 더해 갔다. 그래서 외부 대학이나 상담소에서 개설되는 강좌와 상담 실습, 외부 학회에도 참석하며 상담을 배우고 인간에 대해 공부하기 시작했다. 필요한 자격증을 따고, 상담 실습 경력도 쌓아갔다.

성경과 신학뿐 아니라 하나님께서 창조하신 사람에 대해 배우는 상담학은 너무나 유익했다. 공부를 하면 할수록 상담학은 목회에도 꼭 필요한 학문이라는 생각을 하게 되었다. 신대원(M. Div.)을 졸업하고 목회 전문성을 위해 목회상담학 대학원 과정(Th. M.)에 입학했다.

당시만 해도 상담심리와 정신질환에 대한 사회적 인식이 부정적이고 부족한 때라, 신학기 동기들도 왜 상담학이냐고 핀잔을 주었지만 내 생각은 달랐다. 나는 실천신학이 좋았고 적성에도 맞았다. 실제 삶에 적용하고, 구체적으로 교회와 성도들을 도울 수 있는 실용적인 학문을 배워 목회 현장에서 적용하고 싶었고, 그런 내게 목회상담은 금광이나 보석 광산을 발견한 듯한 기쁨을 주는 학문이었다.

목회상담학 석사 졸업을 앞두고 더 세부적이고 심층적인 전공 선택을 해야 했다. 학문의 세계는 깊고도 넓었다. 한 학기 정도 기도하며 생각을 정리하는 와중에, 목회상담 또는 가정 사역 부분을 해야겠다는 생각을 했고, 미누친(Minuchin) 목회상담에 대한 주제로 석사 학위를 받았으며, 지도 교수님의 도움으로 미국으로 유학하여 본격적으로 목회상담학을 공부할 계획이었다.

길이 막힐 때 다시 열리는 새 길

그 무렵 한국에 IMF 사태가 터졌다. 대한민국 경제는 곤두박질치고, 기업들이 줄줄이 도산했으며, 모든 중소기업, 회사, 소상공인, 그리고 각 가정에 경제적 한파가 휘몰아쳤다. 달러 환율이 2배로 치솟아 결국 미국 유학은 불가능하게 되었다. 지도 교수님과 의논한 끝에 일단 장신대에서 박사 과정을 진행하고, 기회가 되면 미국에서 포스트 닥터(post doctor) 과정을 밟기로 하고 장신대 목회상담학 박사(Th. D.) 과정에 입학했다.

그런데 하나님의 섭리는 참으로 놀랍고 위대했다. IMF로 미국 유학의 길이 막혔는데, 그 일이 목회의 길이 열리는 시작점이 된 것이다. 내가 박사 과정 2년 차에 당시 온누리교회 부목사님이셨고, 장신대신학대학원 선배님인 노항규 목사님께서 박사 과정에 입학하셨다. 당시 목회상담학 박사 과정은 나와 노항규 목사님 둘이었는데, 대부분 같이 수업을 듣고, 같이 학회를 다니고, 함께 식사하며 교제를 나눌 시간이 많았다. 나는 노 목사님에게 박사 과정에 대해 자세히 안내해 드렸고, 노 목사님은 내가 궁금해하던 온누리교회 사역과 하용조 목사님에 대해 알려주셨다. 그러던 어느 날 노항규 목사님이 이런 제안을 하셨다.

"공 목사님, 혹시 온누리교회 전임 목회자로 올 생각이 없으신가요? 지금 교회에서 전임 교역자 세 분을 새로 뽑으려고 하는데, 저라면 목사님을 적극 추천하고 싶습니다. 온누리교회에 이력서 한 번 제출해보시겠어요?"

할렐루야! 그것은 꿈만 같은 일이었다. 당시 한국 교회 전체에 가장 큰 영향력이 있는 교회이자 당연히 많은 신학생이나 목회자들이 사역하고 싶은 교회 1순위가 온누리교회였다. 예배와 양육 등 온누리교회의 사역 모델은 누구도 부인할 수 없을 만한 영향을 주었다. 목사님의 제안을 듣는 순간 나는 가슴이 방망이질하듯 뛰기 시작했다. 나는 노 목사님께 감사를 드리고 온누리교회에 바로 이력서를 제출했다. 당시 온누리교회는 지인들의 추천을 통해 신뢰할 만한 사역자들을 선발하고 있었고 그렇기 때문에 노항규 목사님의 추천은 내가 온누리교회 부목사로 사역할 수 있는 결정적인 통로가 되었다.

이력서를 지원하고 한 달 후 모든 서류가 통과되었고, 마지막으로 하용조 목사님의 최종 면담만 남았다는 연락을 받았다. 하용조 목사님이라는 믿음의 거장을 만나 면담하고, 그 분과 동역할 수 있는 온누리교회 사역의 기회가 지금 바로 내 눈앞에 펼쳐지고 있다는 사실이 믿기지 않았다. 하 목사님의 첫인상과 내게 건넨 첫마디는 따뜻하고 부드러웠으며, 친절하고 포근했다.

"그래, 자네 무슨 사역을 하고 싶은가? 잘하는 것이 뭔가?"

나는 상담을 전공하고 있으며 목회와 상담을 통해 사람들을 변화시키는 일을 하고 싶고, 온누리교회에서 목회를 잘 배워보고 싶다고 말씀드렸다. 하 목사님의 답변은 짧고 간단했다.

"네, 알겠어요. 이제 나가보셔도 좋습니다."

하 목사님과의 면접은 단 5분도 안 되어 끝이 났고, 나는 2000년 12월 첫째 주일부터 온누리교회 부목사로 사역하게 되었다.

05

가정 사역자에서 예배 사역자로

온누리교회 사역자가 된다는 것

　온누리교회 부목사로 첫 출근했을 때 나는 어지러울 만큼 당혹스러웠다. 물론 대형교회라는 것을 알고 있었지만, 커도 너무 컸다. 주일 1부터 4부 예배까지 예배당으로 밀려드는 수많은 교인들을 보고 충격에 빠졌다. 그 많은 분들 중에 나를 알고 내가 아는 사람이 한 사람도 없었다. 첫 부임을 축하한다고 인사를 건네는 사람이 없을 만큼 다들 사역으로 너무나 바빴다. 나 혼자만 외톨이였다. 선배 목사님들도 교회의 규모와 사역이 워낙 많고 방대하니 조급하게 생각하지 말고, 천천히 배우며 따라오라고 해주셨다.

　온누리교회의 예배와 사역을 배우고 익히는 동안 시간이 빠르게 지나갔다. 30여 개가 넘는 공동체(보통 교구라고 한다)와 200여 가지가 넘는 사역, 거기에 두란노와 CGN TV, 700여 명이 넘는 파송 선교사와 선교 네트워크를 관장하는 선교 기관, 복지센터, 요양병원 등의 엄청난 사역들이 방향과 계획이 수정되면서 촘촘한 톱니바퀴가 정교하게 돌아가듯 진행되었다.

매주 두 번의 전체 교역자 회의가 있으며 교회 사역에 대한 계획과 브리핑, 사역 경과에 대한 보고가 있었지만, 결정을 마친 회의가 끝난 후 서너 시간이면 또다시 사역 계획이 수정되고, 새롭게 진행되는 일들이 빈번했다. 온누리교회 목회자는 반응 속도가 빨라야 하고, 그 대처에도 민감해야 했다. 각계 각 분야에서 탁월한 전문가들이 모여 탁월한 활약과 영향력을 나타내는 사역자들이 차고 넘쳤다. 나는 한없는 부족함을 느꼈다. 너무 좋은 교회에 비해 나는 너무 미약하고 준비되지 못했다고 느끼는 가운데 어느덧 점차 온누리교회 사역자가 되어가고 있었다.

한국 교회 가정 사역 부흥에 동참한 시간

나의 사역은 상담실부터 시작했다. 서빙고 상담실은 전문 상담가들보다는 성품과 인격과 영성이 훌륭한 권사님들과 목회자 사모님들로 구성된 상담 사역자들이 교대로 봉사했다. 전화 상담, 면접 상담, 상담 세미나를 비롯해 한 달에 한 번 법조인, 세무사, 정신과 전문의가 도움을 주는 전문 상담도 진행되었다. 사역자분들은 상담 전문가 목사님이 상담실 담당으로 오셨다며 나를 반겨주셨고, 나는 최선을 다해 상담 지식과 실습 방법들을 지도하며 상담실을 운영해 나갔다. 그러자 상담실을 찾는 문의가 늘어나기 시작했다. 곧 온누리교회 내 다른 사역 기관에서 상담에 대한 세미나와 강의 요청이 들어오기 시작해서 점차 외부 강의와 세미나도 시작되었다.

그럴 때 가정 사역팀 본부장 목사님으로부터 가정 사역 본부 내에 있는 젊은 부부학교 사역팀을 담당해달라는 제안을 받았고, 나는 가정 사역 본부팀에 합류하여 젊은 부부학교 사역을 시작했다. 당시 한국 교회는 가정 사역, 내적 치유 붐이 일어났고, 온누리교회와 두란노서원에 기반을 둔 아버지학교, 어머니학교, 결혼예비학교, 가정훈련학교, 젊은 부부학교가 전국적으로, 아니 전 세계적으로 뻗어 나가며 폭발적인 인기 사역으로 자리잡아 나가고 있었다.

그래서 나는 주수일 장로님, 오은진 권사님, 김성묵 장로님, 한은경 권사님, 이기복 목사님 등 당대 가정 사역 거장들과 동역할 수 있는 천금 같은 기회를 얻었다. 이분들로부터 뿜어져 나오는 영성 있고 마음을 울리는 강의를 듣고, 가정이 살아나고 회복되는 역동적인 현장을 마주하며, 가정 사역의 구체적인 원리와 실제들을 체험하며 배울 수 있는 혜택을 받았다.

어떻게 이렇게 적절한 시기에, 적절한 자리에, 하나님께서 정확히 상담과 목회상담을 공부하게 하셨으며, 한국 교회 가정 사역이 부흥하는 시점에 온누리교회 가정 사역 본부 안에 나를 담당 목회자로 배치해 놓으셨을까? 나는 하나님의 기막히고 절묘한 타이밍이었다고 느꼈다. 나는 곧 온누리교회 전체 가정 사역을 담당하는 본부장이 되었다. 전문성을 인정받아 두란노서원에서 가정 사역 디렉터의 직무를, 한국가정사역협회에서도 한국 교회 전체 가정 사역 총무직도 맡게 되었다.

폭발적인 가정 사역 부흥의 특수(?)가 시작되면서 외부 교회 사역 지원 요청이 쇄도하여 1년 중 6개월은 외부 교회나 수련회에 초청되어 세미나와 스쿨을 진행했으며 전국 단위를 넘어 일본, 중국, 동남아시아, 미주와 남미까지 사역이 뻗어 나갔다. 온누리교회와 두란노서원의 명성을 힘입어 이름이 알려지니 사방에서 강의와 가정 사역 스쿨 진행 요청이 줄을 이었다.

그 때 나는 고작 36살이었고, 매일 새벽 5시에 교회로 출근하고 자정이 넘어서 귀가하는 것이 일상이었다. 가정 사역으로 전국을 다니며 상처 입은 가족을 회복시키는 사역자 역할을 하면서도, 정작 내 가족들에게는 좋은 남편이나 좋은 아버지가 아닌 모순적인 삶을 살고 있었다. 강의 시간에 "바쁜 아버지는 나쁜 아버지"라고 하면서 정작 나 자신이 바쁘고 나쁜 아버지임을 생각할 때마다 찔림이 있었다. 가족들과 보내는 시간은 절대적으로 부족했고, 어린 자녀들과 추억을 쌓지 못한 것이 안타깝고 미안할 따름이다. 하지만 하나님께서 그 당시 나를 가정 사역자로서 이토록 놀랍게 사용해주셨다는 것만으로 너무 감사해서 나는 요청이 있는 곳이면 어디든지 달려가 지칠 줄 모르고 사역에 몰두했다.

나의 부르심은 무엇인가?

정신없이 사역하던 어느 날, 나는 내가 비슷한 자리를 계속 맴돈다는 느낌을 받았다. 하나님의 가정훈련학교, 아버지학교, 어머니학교, 결혼예비학교는 5주 프로그램으로 정확하게 세팅되어 있는 기획 프로그램이다. 매 스쿨에 선발된 사역자와 참가 대상자만 바뀔 뿐 사역 준비, 강의 내용, 예식, 워크숍 등은 거의 비슷하게 진행되고 있었다. 이렇듯 일정하고 정교하게 세팅되어 있는 가정 사역 프로그램을 1년에도 몇 번씩 3-4년이나 진행해왔다.

물론 사역 현장은 매번 눈물과 감동의 바다였다. 스쿨이 열리는 기수마다 새로운 간증들, 새로운 치료 역동이 일어났고, 부부 관계, 부모자녀 관계의 갈등이 풀어지는 성령님의 역사 또

한 매번 달랐다. 은혜와 열매가 넘쳐났다. 그런데 이상했다. 가정 사역은 여전히 부흥하고 있고, 현장의 필요와 요구 역시 여전히 절박했고, 사역자들도 갈수록 더 헌신적이었으며, 지원자들과 대상자들도 갈수록 늘어나는데 나는 점점 수렁에 빠지는 듯했다. 맡은 강의와 프로그램 진행은 이미 머릿속에 입력되어 있기 때문에 자동으로 줄줄 흘러나왔다. 스쿨 참가자들은 모두 감동을 받고 가정이 회복되는 변화를 느끼는데, 나는 점점 허탈해갔다. 마치 무대 위에 있는 광대나 드라마 속 연기자가 되어 가는 느낌이 들었다.

나의 부르심은 가정 사역이 분명했는데, 점점 이 길이 내 길이 아닌 것 같은 생각이 들었다. 목회 상담, 가족 치료, 가정 사역은 내가 제일 잘할 수 있고, 현장에서 바로바로 열매가 보이고, 앞으로도 수요가 많을 중요한 사역이었다. 하지만 내 마음은 점점 식어갔다. 고민이 깊어지고 있을 때, 하나님께서는 전혀 뜻밖의 새로운 작은 문 하나를 열어주셨다. 온누리교회 서빙고 수요 저녁예배를 담당하라는 결정이 내려진 것이다.

2004년 3월부터 나는 온누리교회에서 서빙고 성전 수요예배를 맡게 되었다. 예배 사역이라는 익숙하면서도 낯선 장르에 대한 첫 도전이었다. 대학교 1학년 때 뜨겁게 성령체험을 했고, 경배와 찬양 집회를 통해 꾸준히 영적 공급을 받았으며, 교육 전도사와 전임 전도사 시절에도 담당 부서에서 자주 성령집회와 부흥집회를 인도해본 경험이 있어서 서빙고 수요예배는 도전해 볼 만한 사역이라고 생각했다.

사역자들과 함께 기도 모임을 시작하고 예배를 세팅한 후, 매주 예배 준비와 말씀 준비에 최선을 다했다. 처음 맡는 예배 사역을 잘하고 싶고, 잘 해내고 싶었다. 일주일 내내 수요예배 설교 준비에 집중하여 성도들에게 최고의 영의 양식을 먹이기 위해 애썼다. 점차 수요예배에 참석하는 인원이 늘어났고, 영적 임재가 쌓여가는 예배로 예배의 체질이 변화되기 시작했다.

수요부흥예배와 방언기도 사역

처음 수요예배를 맡을 때 180명 정도 모이던 예배 참석 인원이 300명을 넘어서며 부흥할 때 즈음, 중보기도 사역자들이 수요예배가 뜨거워지고, 예배 참석자들의 영적 사모함이 많으며, 방언기도를 하고 싶어 하니 말씀 후 기도 시간에 방언을 위해 통성기도하는 시간을 가지면 어떨지 제안해주셨다. 나도 대학교 때 기도원에서 산기도 중에 방언을 받았고, 방언을 처음 받았을 때의 감격과 떨림을 잘 알기 때문에 중보기도 사역자들의 제안에 긍정적인 마음이었다. 그래서 일단 기도로 준비하면서 상황을 보자고 답한 후 적절한 시기를 기다렸다.

드디어 방언을 위한 기도 시간을 처음 실행에 옮기는 날이 되었다. 온누리교회는 여러모로 개방적이고 새로운 시도를 두려워하지 않는 교회지만, 은사 집회는 자칫 이단시 되거나 공격받을 수 있는 부분이 많기 때문에 매우 조심스러웠다. 또한 공개적으로 방언을 구하는 집회를 하는데 정작 아무에게도 방언이 열리지 않고, 성령의 역사가 일어나지 않을 수도 있다는 마음이 방언을 위한 기도를 망설이게 하기도 했다.

그렇지만 방언은 도전해볼 만한 가치가 충분한 은사임을 확신하여 수요예배의 이름을 '수요부흥예배'로 바꾸고, 예배 시간 중에 방언을 위한 기도 집회를 해나가기로 천명했다. 내 마음속에 여전히 의심과 두려움이 일어났지만 그럼에도 용기를 낸 이유는 함께했던 중보기도 사역자들의 위로와 격려 덕분이었다.

"일단 한 번 해보시죠. 목사님께서 선포하시면 현장에서 저희가 최선을 다해 지원할게요. 염려하지 마시고 담대히 하세요. 그리고 믿음을 가지세요!"

때론 목사의 믿음보다 평신도들의 믿음이 더 좋을 때가 있다. 그럴 때는 무조건 믿음 좋은 사람을 따라가는 것이 지혜이다. 그래서 중보기도자들의 말을 하나님의 말씀으로 받고 순종으로 따랐다. 그랬더니 결국 믿음대로 되었다. 하나님은 나와 사역팀들, 그리고 수요부흥예배를 통해 새 일을 행하셨다. 나는 두렵고 떨리는 마음으로 강단에 섰고, 담대히 선포했다.

"오늘 방언 받기를 원하는 분들은 자리에서 일어나십시오. 저와 기도팀들이 기도하겠습니다. 믿음을 가지고 기도하시면 오늘 여러분에게 방언의 은사가 임할 것입니다."

초대 교회에 임하신 성령님, 오순절 성령 강림 사건은 2천 년이 지난 오늘의 교회에도 동일하게 임하셨다. 방언을 사모하여 일어났던 40여 명의 성도들에게 모두 방언이 열리는 역사가 일어난 것이다. 놀랍고 신기했다.

그것은 지금까지 내가 경험한 기적 중 가장 큰 기적이었다. 나는 방언을 받고 기뻐하는 성도들의 모습을 처음 보았다. 사람들의 얼굴이 어둠에서 광명으로, 눌림과 찢김에서 희망과 환희로 바뀌는 과정이 생생히 보였다. 방언을 받기 직전 절박한 모습이 방언을 받은 이후 순식간에 환하게 변화되어 빛나는 것을 보고 나는 하나님의 응답에 놀라고 감사할 뿐이었다. 모든 팀원들 역시 감사와 감격의 눈물로 기도했다.

이 날을 기점으로 수요부흥예배의 방언 사역이 시작되었고, 매주 방언을 받는 사람들의 숫자가 점점 늘어나기 시작했다. 방언을 받기 위해서 그 자리에서 일어나지 않아도 방언을 받는 사람들이 생겼다. 매주 40-50명이 방언을 받다가 점점 그 수가 증가해 100명 이상 방언을 받기도 하면서 수요부흥예배 참석 인원이 700-800명으로 급속히 늘어났다.

내 영혼을 깨우는 살아 있는 예배

부흥하는 예배에는 가속이 붙는다. 온누리교회 수요부흥예배에 가면 방언이 열린다는 소문이 퍼지며 온누리교회 교인들만 아니라, 전국 각지에서 방언 받기를 사모하는 분들이 예배에 참여하기 시작하여 2004년 3월 180명으로 시작한 수요부흥예배는 2004년 12월에는 매주 800-900명 정도가 모이는 예배로 성장했고, 2005년 중반에 1,500명을 넘어섰다. 더 오래 기도하고 싶은 간절함에 11월 말 5시간 동안 쉬지 않고 예배하고 기도하는 '브니엘 사인 집회'를 기획하였는데, 그 특별한 집회에 모인 인원이 2,200명이나 되었다. 하용조 목사님 역시 성령 사역의 전문가이시기 때문에 누구보다 수요예배의 부흥을 축하해주셨고, 마음껏 해보라고 격려해주셨다.

이제는 방언기도 시간에만 방언이 열리지 않고, 전혀 예측할 수 없는 순간에 방언이 열리는 일들이 일어났다. 시작 찬양을 부르는 가운데, 예배실로 올라오는 계단에서, 중보기도자들이 방언을 사모하는 사람에게 다가가고 있는 도중에 방언이 열리거나 어깨에 손을 대자마자 방언이 열리는 분들도 있었다. 공통적으로 방언을 받을 때 사람들은 대부분 엄청난 기쁨과 감동을 경험하게 된다. 방언이 열리는 순간 온몸을 떨며 주체할 수 없이 눈물을 흘린다. 뒤로 쓰러지거나 너무 기뻐 떠나갈 듯이 소리를 지르기도 한다.

당연하다. 우주의 먼지와 같은 존재인 인간이, 우주의 창조자 우주의 주관자이신 전능하신 하나님의 임재를 직접 체험했으니 어찌 감격스럽지 않겠는가? 전능하신 하나님의 직접적인 만지심을 느꼈고 그것이 인식되었기 때문이다. 하나님께서 역사하시고 운행하시며 하나님만이 온전히 주인 되시는 예배, 바로 그 예배가 진짜 예배이다.

나는 수요부흥예배를 통해 예배에 감추인 놀라운 신비를 발견했다. 그리고 그 때 비로소 나의 진짜 부르심을 찾게 되었다. '예배가 나의 부르심이다. 이런 예배라면 평생 드려도 좋다. 이런 예배라면 계속해서 더 깊이 드리고 싶다. 이런 예배라면 지상에서 천국까지 영원히 지속할 수 있다'는 확신이 들었다. 예배는 영원하고 행복한 사명이다.

하나님은 예배를 통해 내 영혼을 깨우셨고, 예배를 통해 하나님이 얼마나 놀랍고 위대하며 아름다운 분이신지를 알게 하셨으며, 예배를 통해 예배의 능력이 얼마나 놀라운지 깨닫게 해주셨다. 나는 하나님께서 나를 '예배 사역자'가 아닌 '예배자'로 부르셨음을 확인하게 되었다.

나의 전공은 신학과 목회상담학이다. 신학과 목회상담이 추구하는 주된 공통의 목표는 '변화'(transformation)이다. 신학과 목회상담은 하나님을 통해, 하나님을 만난 사람들의 구원과 건강한 삶의 변화를 추구한다. 그동안 나는 상담과 가정 사역, 교회 사역을 통해 학교, 교회, 사회에서 개인, 부부, 가족, 그룹을 돕고, 치료하는 변화의 현장에 있었다. 그런데 예배보다 빨리, 더 강력하게, 그리고 근본적으로 사람을 변화시키는 도구를 경험해보지 못했다. 예배를 통해 하나님을 만나는 체험보다 확실하게 사람을 회복시키는 치유 프로그램을 나는 본 적이 없다.

예배는 사람을 고치며 인격과 성품을 바꾼다. 예배는 관계를 고치며 생명과 영혼을 구원한다. 예배 안에는 가족, 사회, 기관, 국가, 세계와 민족, 자연과 환경 모두를 고치고 살리는 강력한 권세가 나타난다. 살아 있는 예배를 드릴 수 있다면 실패는 없다. 살아 있는 예배 안에 있으면 상처는 없다. 살아 있는 예배가 드려지는 사람에게 절망이란 있을 수 없다. 살아 있는 예배가 진행 중인 인생은 하루하루가 보석처럼 빛날 수 있다.

예배만이 가능하다.

예배만이 할 수 있다.

예배로 충분하다.

예배면 다 된다.

그래서 예배가 '답'이다.

예배에 목숨을 거는 예배 사역자

하나님은 서빙고 온누리교회 수요부흥예배를 계기로 나를 예배 사역자로 이끌어 가셨다. 마치 하나님의 손이 나를 이끌어 예배를 향해 달려가게 하는 느낌이었다. 2년의 수요예배 사역을 마치자 하나님께서는 인천 온누리교회 개척이라는 새로운 사명의 자리로 나를 이끄셨다.

2006년 4월 인천 지역에 거주하는 약 50명의 성도와 함께 인천시 구월동에서 인천 온누리교회 개척 오픈 예배를 시작했다. 교회에서 개척의 명령이 떨어지자마자 나는 2월부터 개척 맴버들과 함께 기도 모임을 시작하며 인천 온누리교회의 핵심 가치와 목회 중심을 위해 기도했다. 결론은 의외로 쉽고 빨리 얻게 되었다. 하나님께서 나를 예배 사역자로 부르셨다면, 인천 온누리교회 목회의 중심 역시 '예배'일 것이다.

나는 온몸에 전율이 흐르며 가슴이 뛰기 시작했다. 담당 목회자가 예배에 목숨을 거는 교회, 온 성도가 전심으로 하나님만 구하는 예배를 갈망하는 교회, 하나님만 바라고 하나님만 기대하는 예배, 하나님과의 만남을 통해 삶이 변화되고 예배자들이 불같이 일어나는 교회, 예배를 통해 성도 개인과 가정이 살아나며, 인천 지역이 살아나는 교회에 대한 불붙는 듯한 마음이 일어났기 때문이다.

2006년 4월 50명으로 시작한 인천 온누리교회는 6월에 출석 인원이 100명으로 늘어나더니 2007년 11월 인천 온누리교회 담당 목사를 이임할 때까지 주일 출석 960명이 출석하는 교회로 성장하였다. 예배의 부흥은 2007년 12월부터 사역하게 된 부천 온누리교회로도 이어졌다. 부천 온누리교회 목회의 중심 역시 '예배'였다. 부천 온누리교회 담당 목사로 부임할 당시 주일 출석 약 1,900명이던 교회는 2009년 9월 부천 온누리교회 사역을 마치고 벤쿠버 온누리교회 담당 목사로 부임하기까지 약 1년 10개월 동안 주일 출석 3,500명으로 부흥 성장하였다. "예배가 답이다", "예배면 다 된다"라는 하나님이 주시는 예배에 대한 마음이 그대로 현장에서 실현되는 순간이었다.

그 후 벤쿠버 온누리교회에서 약 2년간 이민 목회를 경험하고 2010년 12월 다시 서빙고 온누리교회로 복귀하라는 명령을 받았다. 인천 온누리교회 개척과 그 당시 온누리 국내 캠퍼스 교회 중 가장 사이즈가 컸던 부천 온누리교회 담당 목사의 경험, 그리고 벤쿠버 온누리교회의 이민 목회까지, 나는 쉬지 않고 정신없이 사역에만 전념했다. 그래서 서빙고 온누리교회로 복귀하기 전, 그다음 스텝을 밟기 위해 숨을 고를 시간이 필요했다. 나는 하용조 목사님께 두 달의 안식월을 허락받고 황금 같은 시간을 보내게 되었다.

브루클린 터버너클 교회의 강력한 임재 체험

2010년 12월, 선물과 같은 두 달의 안식월을 어떻게 사용할지 고민하던 나는 일단 뉴욕에서 3주간을 보내기로 했다. 마치 뉴요커처럼 좋아하는 브로드웨이 뮤지컬을 관람하며 꿈같은 3주간의 뉴욕 생활을 보냈다. 그때 지금까지도 잊을 수 없는 감동적인 사건을 경험했다. 그것은 뉴욕의 건물도, 첨단 유행이나 신기한 문화 체험, 혹은 감동과 탄성을 자아냈던 브로드웨이 뮤지컬이 아니었다. 그것은 주일 오전 브루클린 터버너클 교회를 방문하여 드렸던 터버너클 교회 주일예배였다.

주일 오전 10시, 나는 예배 시간보다 일찍 도착하여 예배실 안으로 들어갔다. 오페라 하우스를 개조한 4천 석 규모의 본당

이 한눈에 들어왔고, 사람들이 벌써 반 이상 자리에 앉아 기도하고 있는 모습이 보였다. 본당 안으로 들어서는 순간, 주님의 임재가 강하게 느껴졌다. 뭔가 알 수 없는 충만한 기운이 그 예배당을 꽉 차게 덮고 있음을 느꼈다. 사람들의 기도 때문인지, 담임 목회자인 짐 심발라 목사님의 영성 때문인지 알 수 없는 거룩하며 충만한 임재가 내 영을 감싸안는 것을 느꼈다.

얼마 후 검은색 선글라스를 낀 예배 인도자가 등장하면서 예배가 시작되었다. 활기찬 연주로 찬양이 시작되자 흑인 할머니들이 여기저기서 일어나 몸을 흔들며 춤을 추기 시작했다. 충만한 찬양의 분위기 속에 내 몸과 마음, 내 영도 들썩이기 시작했고, 곧 깊은 찬양의 임재로 빨려 들어갔다.

그렇게 찬양이 시작된 지 20여 분이 지났을까? 예배 인도자가 흑인 영가 한 곡을 부르기 시작했다. 처음 듣는 곡이었지만 멜로디가 단순해서 쉽게 따라 할 수 있었다. 찬양이 깊이 이어지는 순간, 인도자가 찬양의 한 소절을 계속 반복했다. 반복이 빨라지며 비트가 강해졌고, 인도자의 목소리도 고조되었다. 그때 가사 한마디가 내 영혼 깊은 곳에 파고들었다.

Oh Lord, Wash My Sin…(오 주여, 내 죄를 씻어주옵소서)

이 찬양의 가사를 반복하는 순간 신음소리와 함께 왈칵 눈물이 쏟아졌고, 일단 터져버린 눈물은 멈출 줄 몰랐다. 아니 멈출 수 없었고 멈추고 싶지 않았다. 울면 울수록 가슴이 메어왔지만 이상했다. 내 영은 깃털처럼 가벼워졌다. 마음속에서 묵직했던 무언가가 떨어져 나가는 느낌이었다. 눈물은 어느새 통곡으로 변했다.

"오 하나님, 오 나의 주, 나의 왕, 오 나의 하나님, 제가 죄인입니다. 제 속에 악한 것이 가득합니다. 저를 불쌍히 여겨주옵소서. 주님, 저의 죄를 밑바닥까지 샅샅이 씻어내주옵소서!"

내 입에서 계속 이런 기도가 반복해서 흘러나오고 있었다. 참으로 오랜만에 흘리는 깊은 눈물이었다. 참으로 오랜만에 토해내는 깊은 애통이었다. 내 입술과 몸, 내 마음은 경련이 일어날 듯 고통 가운데 있는데, 내 마음과 심령은 한없이 가볍고 자유로워짐을 느꼈다.

예배를 통해 눈물을 회복시켜주시니 너무나 감사했다. 그러나 주일예배이니 이제 눈물을 닦고 마음을 추스르고 단정히 다시 예배에 임해야겠다는 생각으로 호흡을 가다듬고 감았던 눈을 떴다. 시계를 보니 약 20분 정도가 지났다. 그런데 눈앞에 펼쳐진 광경에 나는 다시 한번 놀랐다. 나만 그런 일을 겪고 있는 것이 아니었다. 내가 기도에 깊이 몰입하고 있는 사이, 다른 사람들에게도 동일한 현상이 벌어지고 있었다. 내 옆에 중국인 할머니는 아예 기절해 바닥에 쓰러져 계셨다. 내 앞쪽에 앉은 인도인 할머니는 일어서서 고개를 들고 오른손을 높이 올리고 멈춘 듯이 서 계셨는데, 두 뺨에 눈물이 한없이 흘러내리고 있었다. 여기저기에 오열하는 사람, 큰 소리로 우는 사람, 기절하는 사람, 신나서 찬양하는 사람들이 가득했다.

거룩한 충돌, 위대한 돌파

'오 하나님, 어떻게 이러실 수가 있지요?' 나는 주일 오전 예배에 이런 강력한 임재가 있는 예배를 드리는 교회를 처음 보았다. 하나님의 영이 강력하게, 한 사람 한 사람의 심령을 터치하고 있었다. 이런 예배가 있다니, 예배 현장에 참석한 사람들의 영혼이 깨어지고 돌이키고 회복될 수 있다니…. 정말 놀랍고 경이로운 충격적인 예배였다. 그리고 하나님께 기도드렸다.

"하나님, 저도 이런 예배를 드릴 수 있게 해주세요! 제가 목회하는 교회에서도 이런 예배가 드려질 수 있게 해주세요! 제가 인도하고 집례하는 예배에서도 이런 놀라운 은혜가 있게 해주세요!"

이 사건 이후 십여 년이 지난 지금도 이 순간만 생각하면 가슴이 두근거린다. 아직도 가슴이 뭉클하고 코끝이 찡해온다. 죄와 상처로 얼룩진 인간이 하나님을 만나면 죄인이 변화된다. 하나님과의 거룩한 충돌이 일어나면 흉악한 죄인에게 거룩한 말씀이 임하고, 예배가 회복되면 더러운 죄인은 거룩한 의인으로 회복되고야 만다.

그 거룩한 충돌이 위대한 돌파를 일으킨다. 하나님의 임재를 경험한 예배자들에게는 현장을 돌파하고 뛰어넘을 수 있는 능력, 현장을 극복할 수 있는 능력이 나타난다. 반대가 많고, 아무리 공격이 거세도 물러날 수 없다. 아무리 적이 강해도 무서워하지 않는다. 넘어져도 또다시 일어난다. 바로 이 힘이 강력한 예배자에게 나타나는 하나님의 힘이요, 하나님의 임재 안에 숨은 신비한 힘이다.

한마음 코이노니아 공동체

다시 서빙고 온누리교회로 복귀한 후 나는 교회에서 한마음 코이노니아 사역 담당 목사가 되었다. 한마음 코이노니아 사역은 중증 이상의 정신질환자들과 그의 가족들이 서빙고 온누리교회에서 매주 드리는 주일예배 모임이다. 한마음 코이노니아 주일예배에는 대부분 우울증, 공황장애, 불안장애, 강박장애,

정신분열, ADHD 환자들과 일주일 내내 가정과 보호 관찰 시설에서 그들을 보살피는 환우의 가족분들이 참여하신다.

2011년 3월 첫 주일 나는 한마음 코이노니아 예배에 처음 참석했다. 예배 참석 인원은 정신질환 환우들과 가족들 약 40여 명과 스태프 12명이 드리는 소규모의 예배였다. 설교하기 위해 강단에 올라섰을 때 예배 참석자 대부분이 모두 화가 난 표정으로 앉아 있었다. 찬양에 힘이 없고, 기도는 냉랭했으며, 분위기마저 차가운 예배였다. 그래서 나는 강단에 올라서자마자 힘있게 첫 마디를 던졌다.

"할렐루야!"

그러자 대부분의 예배 참석자들이 '새로 오신 목사님이 왜 저래? 왜 저리 흥분하셨어? 분위기 파악도 못 하시나?' 이런 표정으로 아무 반응 없이 나를 쳐다보았다. 하지만 나도 물러서지 않고 한 번 더 밝게 웃으며 힘찬 목소리로 "할렐루야! 할렐루야!"를 외쳤다. 그러자 그들도 겨우 "할렐루야!"라고 화답했다.

도무지 적응이 안 되는 어색함, 냉랭함, 그리고 뭔지 모를 썰렁함, 설명할 수 없는 미묘한 불편함이 예배 공간을 가득 채우고 있었다. 지금 이 곳, 이 자리에 하나님이 임재하고 계신데도 말이다. 그래서 더욱 물러설 수 없었다. 나는 목소리를 가다듬고 다시 말했다.

"그렇게 아무 영혼 없이 '할렐루야'라고 하시면 하나님께서 은혜 주시려고 이 곳에 오셨다가도 실망해서 그냥 가실 것 같네요. 말씀은 힘 있고 강하게 선포하시는 거예요! 자, 저를 따라서 자신 있게, 목소리를 크게 높여 당당하게, 미소를 띠며 힘차게 함께 선포해보아요. 다 같이 '할렐루야!'"

내가 물러설 기미가 없자 환우들의 태도도 바뀌며 나를 따라 "할렐루야!"를 크게 선포하였다. 그런데 바로 그 순간부터였다. 한마음 공동체에 첫 부임, 첫 예배, 첫 강단에서 모두 다 "할렐루야!"를 선포한 바로 그 순간부터, 하나님은 한마음 공동체 예배를 통해 새 일을 행하기 시작하셨다.

예배하는 환우들의 용기와 도전

예배의 횟수가 더할수록 예배에 참여한 환우와 환우 가족들의 표정, 태도, 목소리, 분위기도 조금씩 변화되었다. 아무 표정이 없던 우울증, 강박증, 불안장애 환자, 공포증 환자, 심지어 정신분열 환자들의 얼굴에 표정이 생기기 시작했다. 죽음을 향해 가던 표정, 죽음의 그늘이 덮고 있던 얼굴 표정에서 살아나는 사람들의 표정이 보이기 시작했다. 아무 반응이 없던 환우들의 입에서 "좋아요", "기뻐요", "싫어요", "난 안 해요", "이

거 더 해주세요!" 등 자기 감정과 자기 의사 표현이 나오기 시작했다.

얼굴에 밝은 미소를 띠며 예배하는 환우들이 점점 늘어났다. 복용하던 약의 분량도 줄어들었고, 격리 병동에 수용되었던 중증 환자들이 가정으로 돌아와 예배에 참여하는 비율이 높아졌다. 어떤 환자는 사회생활에도 적응하기 시작했다.

예배가 회복되고 환우들이 회복되니, 공동체 가운데 하나님의 생명 에너지가 충전되는 것이 느껴졌고, 생명 에너지가 차오르며 활성화되니 새로운 도전을 해볼 용기도 낼 수 있게 되었다. 그러자 사역팀 스태프 중에 한 분이 환우와 환우 가족들과 함께 제주도로 비전 트립을 가보기를 제안했다.

우리는 여러 차례의 회의와 기도 끝에 한마음 코이노니아 공동체의 제주도 비전 트립을 결정했다. 스태프들이 가장 먼저 염려한 것은 무엇보다 '비행기 태우기'였다. 주일예배 때에도 발작을 일으키는 분들이 자주 있다. 하지만 예배 도중 이상 행동을 보일 경우에는 스태프들이 얼마든지 감당할 수 있고 대처할 수 있다. 그러나 비행기 운행 중에 이런 일이 일어날 경우, 항공사나 다른 탑승객들에게 큰 불편과 피해를 줄 수 있기 때문이다.

힘겨운 도전임을 알기에 모일 때마다 모두 절박하게 기도하며 하나님께 매달렸다. 약 4개월의 준비와 기도 끝에 한마음 코이노니아 공동체 80여 명 그리고 스태프가 제주도로 떠나는 비행기에 몸을 실었고, 환우 중 단 한 명도 발작이나 공황 중세를 일으키지 않고 모두 안전하게 3박 4일의 제주도 비전 트립을 마치고 돌아왔다.

그러자 한마음 코이노니아 예배에 또 다른 차원의 새로운 부흥이 일어나기 시작했다. 처음에 40여 명으로 시작되었던 공동체 예배가 새로운 환우들과 가족들로 인원이 늘어나 150명까지 모이는 예배가 된 것이다. 모이던 공간 역시 더 이상의 인원을 수용할 수 없을 정도로 가득 찼다. 어느 날 모임을 마친 스태프 중 정신과 의사 한 분이 내게 이렇게 말해주었다.

"목사님, 결국 예배가 답이네요. 제가 정신과 전문의로 오랜 시간을 보냈지만, 예배만큼 강력한 것은 없는 것 같아요. 어떤 상담 효과보다, 어떤 치료 약물보다, 하나님을 만나 예배하는 것이 가장 크고 놀라운 치료제이고 회복제인 것을 제가 이 예배를 통해 체험했습니다."

도전은 새로운 도전을 잉태한다

제주도 비전 트립을 성공적으로 마친 지 얼마 지나지 않아, 사역 담당 장로님께서 또 다른 도전을 제시하셨다. "한마음 공동체 환우들이 제주도 여행도 무사히 해냈으니 이제는 해외로 아웃리치도 나갈 수 있지 않을까요?" 나는 이 제안을 들으며 한편으로 놀랐고, 다른 한편으로 대단하다는 생각이 들었다. 이제 사역자들의 믿음이 내 믿음보다 훨씬 더 커졌고, 믿음의 실천에서 뿜어져 나오는 자신감이 솟구치는 것을 느꼈다.

우리는 처음에 잠시 머뭇거렸지만, 하나님께서 장로님을 통해 우리에게 주신 하나님의 음성임을 믿음으로 받고 "아멘"으로 순종했다. 2012년 여름, 드디어 한마음 코이노니아 공동체 환우와 가족들과 스태프들이 모두 무사히, 모두 안전히, 모두 충만히 태국 비전 아웃리치를 마치고 돌아왔다.

가장 기억에 남는 것은 태국에서 드린 예배이다. 찬양이 시작되는 순간, 예배 공간 전체를 휘감으시는 강력한 성령님의 임재와 영광이 느껴졌다. 예배에 참석한 90여 명의 모든 공동체 식구들이 단 한 사람도 예외 없이 찬양을 부르며 손으로 눈물을 훔치고 있었다. 처음에는 조용히 눈물을 닦으며 찬양을 드리던 예배가, 조금씩 흐느끼기 시작하는 예배로, 조금 후 울음소리가 메아리가 되어 큰소리로 흐느끼며 우는 깊은 감사와 고백의 예배로 퍼져나갔다.

하나님의 영이 강력하게, 아주 세밀하게 그 시간과 공간에 임하셔서 이방 땅에서 예배하는 모든 사람들의 마음과 몸과 영을 만지고 계셨다. 그때 비로소 우리는 하나님께서 왜 한마음 공동체 환우들의 예배를 태국 방콕에서 이렇게 기쁘게 받으시는지 그 질문의 답을 찾았다. 하나님께서는 불교와 우상, 에이즈와 동성애로 가득한 어둠의 땅 태국의 중심부 방콕 한복판에 한국에서조차 소외되고 버려진 정신질환 환우들과 그 가족들이 눈물과 가슴으로 드리는 영과 진리의 찬양과 기도 소리를 심고 싶으셨다는 사실을 말이다.

21세기 대한민국은 치솟는 자살률과 곤두박질하는 출산율, 기하급수적으로 늘어나는 정신질환 유병률로 인해 구석구석이 무너지고 있다. 심리치료가 발달하고, 정신과 치료와 처방이 늘어나고, 소아 및 아동 청소년 전문 상담센터들이 늘어나는 국가적 차원의 대비책을 마련하고 있지만 급증하는 우울증, 강박증, 불안증, 중독 환자들을 다 수용하기에 역부족이다.

그러나 여기 분명한 대안이 있고 확실한 답이 있음을 믿는다. 예배면 충분하다. 예배만이 근본적인 해법이다. 깊은 상처, 우울, 불안, 염려, 스트레스, 트라우마, 낮은 자존감 등의 문제는 예배를 통해, 하나님과의 만남을 통해, 얼마든지 언제든지 극복이 가능하다는 것을 나는 믿는다. 하나님은 어제도 그렇게 행하셨고, 오늘도 그렇게 행하고 계시며, 내일도 그렇게 행하실 것이다. 내게 주어진 목회 현장에서 나는 이 사실을 생생하게 확인하고 목격하며 살아가고 있다.

이렇듯 3년간 한마음 코이노니아 공동체의 특별한 예배를 경험하고, 서빙고 금요철야예배를 담당하며 예배와 기도의 능력을 더 깊이 경험하게 하신 하나님은 2014년 1월부터 목양교회를 담임하도록 나를 이끌어주셨다. 하나님께서 나를 목양교회 담임목사로 부임시키신 이유, 그리고 목양교회가 구리시에 존재하는 이유 역시 '예배'이다.

06

예배의 신비, 만남의 신비

예배란 무엇인가?

예배는 교회의 존재 목적이며, 하나님께서 사람과 세상을 창조하신 핵심 이유이다. 나의 부르심과 사명은 '예배'이고, 목양교회의 목회 중심 역시 '예배'이며, 나의 목회와 사역의 핵심 역시 '예배'이다.

나는 예배로 부름받은 성도이자 예배자이며, 오랜 시간 예배 현장에서 예배를 드리며 예배를 배운 예배자이다. 예배에 많은 땀과 에너지를 쏟고, 많은 시간과 노력을 들여 예배를 준비하며, 하나님을 만나는 영과 진리의 예배를 세워가는 일을 가장 큰 기쁨과 행복과 보람으로 여기는 예배자이다.

모든 사람은 예배할 때 가장 아름답게 변하고, 예배할 때 강해진다. 하나님 역시 우리가 예배할 때 가장 기뻐하신다. 우리가 예배할 때 하나님은 예배자인 우리를 찾아내시고, 우리가 예배할 때 하나님은 우리를 통해 당신의 새 일을 행하시며, 우리가 예배할 때 하나님은 당신의 계획을 이루실 새 길과 강을 내신다.

나는 설교할 때 자주 "예배하는 당신이 아름답습니다!"라는 고백을 서로 나누게 한다. 우리가 예배할 때 아름다운 이유는, 원래 인간이 하나님의 형상과 모양으로 창조된 피조물이기 때문이기도 하지만, 우리가 예배할 때 하나님의 생명과 영광이 머리부터 발끝까지 우리의 온몸과 영 가운데 부어지기 때문이다.

나는 예배를 하나님과의 만남, 예수님과의 만남, 성령님과의 만남이라고 정의한다. 나에게 예배란 "예배자인 인간이 살아 계신 하나님을 만나는 충격적인 경험을 통해 생명이 회복되는 위대한 사건"이다. 피상적인 만남이 있고, 의미 있는 만남이 있다. 겉도는 만남이 있고, 속 깊은 만남이 있다. 가벼운 만남이 있고, 무거운 만남이 있다. 잊혀지는 만남이 있고, 영원히 기억되는 만남이 있다.

위대한 인물을 만날수록 위대한 사건이 일어난다. 아파트 주민들이 반장이나 통장을 만나면, 마을과 동네 일들이 결정된다. 국가 원수들의 정상회담이 이루어지면 정치, 경제, 외교, 국방 등의 국제적이고 역사적인 일들이 벌어진다. 사람이 사람을 만나도 사건이 일어나고, 새로운 변화들이 생긴다.

그런데 사람이 하나님을 만난다면 이보다 더 큰 우주적 대사건이 없을 것이다. 만남에는 두 가지가 있다. 첫째, 일반적이고 보편적이며 피상적 만남인 미팅(Meeting)과 둘째, 진실하며 깊고 충격적인 만남인 인카운터(Encounter, 조우)이다.

미팅(Meeting)

욥기에는 욥의 갑작스런 재앙으로 인해 욥을 위로하기 위해 달려온 세 친구 엘리바스, 빌닷, 소발과의 대화 내용이 나온다. 이 세 친구는 욥에게 닥친 갑작스런 재앙의 소식을 듣고 욥의 곁에서 7-10일 정도 함께 있어준다. 친구의 갑작스런 재앙 앞에 자신의 개인적인 일정을 포기한 채 그의 곁을 떠나지 않고, 오랜 시간 함께 있어준 친구들은 보통의 친구를 넘어선 각별한 사람임이 분명하다.

더욱이 욥은 현재 아무것도 가진 것이 없는 빈털터리 신세이다. 욥을 도와준다고 한들 세 친구에게 돌아갈 이득이 있을 리 없다. 따라서 욥과 욥의 세 친구들의 만남은 진실과 사랑의 만남이다. 그들은 욥을 사랑하여 일주일이 넘는 시간을 욥과 함께하며 욥을 돕고자 한자리에 있다. 사랑하는 친구를 돕고 위로하기 위해 끊임없는 대화를 며칠씩 이어간다. 이들의 대화는 그 어느 때보다 진실하고 진솔하며, 서로를 위한 대화이다. 그 대화의 분량이 얼마나 길었는지 대화의 내용은 욥기서 중 약 28장을 차지할 만큼의 방대한 분량이다.

하지만 이들이 잘 만나고 있는 것일까? 아니다. 이들은 만나고 있었으나 만나지 못했다. 사랑하고 있었으나 만나지 못한다. 만남이라는 형식 안에 있었으나 참 만남은 없었다. 세 명의 친구와 욥의 만남은 계속 평행선이었다. 서로 상대의 의견을 수용할 마음이 전혀 없이 팽팽한 긴장감이 감도는 논쟁, 대립, 충돌 그 자체였다.

세 명의 친구들은 진심을 담아 욥에게 제안한다.

"너에게 재앙이 온 것은 분명 하나님 앞에 무언가 범죄했기 때문이다. 속히 가증한 너의 겉모습을 벗어버리고 하나님 앞에 회개하고 죄를 뉘우쳐라!"

그러나 세 친구의 말을 들은 욥은 전혀 동의하지 않는다. 아니, 동의할 수가 없었다. 욥은 지금 최악의 위기 상황을 보내고 있으며, 억울함과 분노로 가득하다. 욥이 잘못했다는 세 친구의 질책에도 욥은 분노를 통제하며 이렇게 받아친다.

"아니야. 나는 결백해. 나는 너무 억울해. 나는 결코 하나님 앞에 범죄한 일이 없어. 너희는 그냥 나의 원통함을 알아주고 나를 이해해주면 안 되겠니?"

사랑하는 두 대상이 한자리에서 만나 서로를 위해 그렇게 오래 대화하고 의견을 나누어도 이 둘은 전혀 만나지 못한다. 아니 시간이 지날수록, 오래 만날수록 관계는 더 악화된다. 말을 할수록 더 깊은 상처를 준다. 대화를 나눌수록 분노가 치밀어 오른다. 그래서 결국 아픔만 남고 아쉬움만 남는 위기를 맞이한다. 이런 만남을 미팅(Meeting)이라고 한다.

서로 깊이 사랑한다. 서로 이해해보려고 애쓴다. 얼굴과 얼굴을 마주하고 직접 만나고 있다. 서로를 위한다는 명목으로 나름대로 준비한 사랑의 대화를 나눈다. 그러나 마음은 서로 만나지 못한다. 계속 평행선이다. 대화를 할수록, 함께 있을수록 더 깊은 상처를 만든다.

현대인들이 많은 만남에도 불구하고 엄청난 공허감을 느끼는 이유도 바로 미팅이 많기 때문이다. 물론 미팅도 필요하다. 모임도 만남도 파티도 놀이도 모두 필요하다. 그러나 사람은 미팅 그 이상의 깊은 만남을 갈망한다. 사람은 서로 깊은 마음이 만져지고, 아픔이 다독여지고, 상처가 치유되고, 마음의 기쁨을 공유하고 싶은 심리적, 정서적, 영적인 존재이다.

인카운터(Encounter)

사도행전 9장에는 사울이 바울 된 사울의 회심 사건이 등장한다. 사도 바울이 아직 사울이던 시절, 스데반의 피를 본 사울은 살기등등하여 대제사장의 허가장을 받고 곧바로 숨어 있는 그리스도인들을 색출하기 위해 다메섹으로 향한다. 그 다메섹 도상에서 사울은 일생일대의 가장 충격적인 만남을 갖는다.

> 사울이 길을 가다가 다메섹에 가까이 이르더니 홀연히 하늘로부터 빛이 그를 둘러 비추는지라 땅에 엎드러져 들으매 소리가 있어 이르시되 사울아 사울아 네가 어찌하여 나를 박해하느냐 하시거늘 대답하되 주여 누구시니이까 이르시되 나는 네가 박해하는 예수라 너는 일어나 시내로 들어가라 네가 행할 것을 네게 이를 자가 있느니라 하시니 행 9:3-6

다메섹 도상에서 갑자기 강력한 빛이 사울을 둘러 비춘다. 사울은 놀라 말에서 떨어져 고꾸라진다. 그 순간 주님은 말씀의 충격파로 사울을 단숨에 제압하신다. 하늘의 음성을 통해 그의 이름을 부르시며, 그를 심하게 꾸짖으신다.

> 사울아 사울아 네가 어찌하여 나를 박해하느냐

사울 역시 보통 사람이 아니었다. 충격을 받고 말에서 떨어졌음에도, 정신을 차리고 정체를 알 수 없는 말씀을 향해 이렇게 반격한다.

주여 누구십니까?

여기까지는 괜찮았다. 그러나 뒤를 이어 등장한 음성은 사울을 완전히 무너뜨렸다.

나는, 네가 박해하는 예수다

예수님은 사울이라는 한 남자의 인생을 이 단 한 문장으로 완전히 뒤집어놓으신다. 바리새인 열심당원 사울을 '사도 바울'로 변화시킨 것은 다메섹 도상에서 접한 예수님의 말씀, 바로 그 메시지(The Message)였다.

나는 네가 박해하는 예수라

이 간단 명료한 한 문장이 말씀의 검이 되어 사울의 인생 전체를 뿌리째 흔들었다. 사울의 전 존재, 전 인격, 모든 경험과 사고, 기억, 세계관, 종교관, 인간관 전체를 뒤집었다. 그렇다면 도대체 이 만남의 분량은 얼마였을까? 다메섹 도상에서 사울이 예수님을 마주한 그 만남의 길이는 얼마였을까? 성경에는 정확한 언급이 없지만, 대화의 분량과 정황으로 판단할 때 길어야 30분 정도일 것이다.

길고 긴 우리의 인생 여정을 볼 때, 30분이란 시간은 결코 긴 시간이 아니다. 하지만 그 시간은 사도 바울이라는 한 사람의 인생을 바꾸기에 충분한 시간이었다. 사울이 예수님과 마주했던 그 찰나의 밀도가 워낙 깊고 진했기 때문이다. 물론 대화도 있었다. 예수님과 사도 바울 사이에 몇 마디의 대화가 오고 갔다.

예수 : 사울아 사울아 네가 어찌하여 나를 박해하느냐
바울 : 주여 누구시니이까
예수 : 나는 네가 박해하는 예수라 너는 일어나 시내로 들어가라 네가 행할 것을 네게 이를 자가 있느니라

이것이 사도행전 9장에 기록된 예수님과 바울이 나눈 대화의 전부이다. 대화 중 오고 간 글자 수로 따지면 채 2분도 걸리지 않는 짧은 대화였다. 그런데 이 짧은 대화와 만남이 바울을 총체적으로 뒤흔들어놓았고 그의 미래를 완전히 바꾸어놓았다.

사울이 땅에서 일어나 눈은 떴으나 아무 것도 보지 못하고 사람의 손에 끌려 다메섹으로 들어가서 사흘 동안 보지 못하고 먹지도 마시지도 아니하니라 행 9:8-9

사울에게 멘붕이 왔다. 너무 큰 충격을 받고 그 자리에서 얼음이 되었다. 눈을 떴으나 아무것도 볼 수 없었다. 다른 사람의 부축을 받고서야 겨우 움직일 정도로 온몸에서 힘이 빠졌다. 사흘 동안 보지 못하는 상태에서 먹지도 마시지도 않았다. 잠을 잘 수도, 음식을 소화시킬 수도, 생각을 할 수도 없었을 것이다. 아무 생각도, 아무 느낌도, 아무 감정도 가질 수 없었을 것이다.

그야말로 무아(無我), 자신의 존재를 잊고 자신을 완전히 놓아버린 상태다. 내가 완전히 사라져버린 상태, 완전히 소멸된 그런 상태였다. 하나님의 온전하고 충만한 임재 앞에 나의 모든 것이 정지되어버린 '멈춤' 상태, 이것이 사람이 하나님을 제대로 만날 때 일어나는 현상이다.

충돌은 충격을 일으킨다. 사람과 하나님이 만나면 하나님은 멀쩡해서도 사람은 박살이 난다. 흔적도 없이 사라진다. 하나님을 경험한다는 것은 이렇게 강력하다. 말씀의 능력, 메시지의 힘은 이렇게 강력하다. 이런 만남을 인카운터(Encounter)라고 한다. 깊고 깊은 속 뿌리까지 철저히 뒤집어놓는 혁명 같은 만남, 과거의 모든 상처, 흔적, 트라우마, 견고한 진(陣)뿐만 아니라 현재 일과 앞으로 일어날 장래 일까지 모두 바뀌는 엄청난 변화를 일으키는 근본적인 만남 말이다.

이런 만남이 이루어질 때, 영혼의 목마름, 정서의 허기짐이 일순간에 채워진다. 이 인카운터의 만남이 자주 이루어지고 정기적으로 이루어질수록 변하여 새 사람으로 거듭난 새 인생을 살아낼 수 있게 된다.

참된 예배는 나를 잊어버리는 예배다

이에 예수께서 제자들에게 이르시되 아무든지 나를 따라 오려거든 자기를 부인하고 자기 십자가를 지고 나를 좇을 것이니라 마 16:24

자기 부인이란 곧 자기 부정, 자기 포기, 자기 절망, 자기 상실, 즉 자신을 잊는 것, 자신을 잃어버리는 것, 자신을 내려놓는 일이다. 참된 예배는 하나님의 임재 앞에 서서 나를 바라보던 시선을 하나님께로 향하다가 나를 놓아버리는 예배다. 위대하고 거룩하신 하나님 앞에 나아가면 그 위대하심에 압도되어,

상대적으로 너무 작고 초라한 내 존재를 발견하고는 끝내 하나님의 광대하심 속에 파묻히게 된다. 이런 사건이 바로 예배의 현장에서 일어난다. 매일 매주 나의 예배에서 이런 일들이 일어나야 한다.

하나님께 완전히 압도당할 때, 나를 잊어버리게 된다. 하나님께 완전히 압도당할 때, 내 자의식이 소멸된다. 하나님께 완전히 압도당할 때, 내 문제, 내 상처, 내 아픔, 내 통증이 소멸된다. 하나님께 완전히 압도당할 때, 나의 원함과 나의 기대 역시 소멸된다.

하나님을 만날 때 비로소 내가 얼마나 작은 존재인지 깨닫는다. 하나님을 만날 때 비로소 내가 얼마나 미약한 존재인지 깨닫는다. 하나님을 만날 때 비로소 내가 얼마나 더럽고 추한 존재인지 깨닫는다.

나는 더러워도 너무 더럽다. 이미 너무 많이 오염되어 있다. 나의 입술은 부정하고, 나의 생각도 부정하며, 속마음은 더럽고 악한 것들로 가득하다. 내가 지었던 죄, 지금도 여전히 짓고 있는 내 죄가 너무 많아 한없이 창피하다. 도저히 그분 앞에 설 자격이 없다. 도저히 그분을 똑바로 바라볼 양심이 없다.

그런데 이상하게 그 영광의 빛을 떠날 수가 없다. 하나님의 아름다우심을 포기할 수 없다. 오히려 내 신을 벗고 그 거룩한 영광의 빛 앞에 한없이 머물러 있고 싶다. 그 영광의 따스함이 갈수록 강렬해진다. 그분 앞에 잠잠히 서 있다보면 내 깊은 죄악의 검붉은 덩어리들이 하나씩 하나씩 파쇄된다. 아무리 흉악한 죄, 아무리 더러운 죄, 아무리 단단하게 묶여 있는 죄의 결박이라 할지라도 성령의 불이 하나씩 하나씩 소멸시킨다.

그렇게도 벗어날 수 없었던 강력한 죄악의 사슬과 묶임이 지푸라기처럼 맥없이 툭 하고 끊어져버린다. 하나님의 임재와 영광이 충만한 예배 안에서는 그 어떤 죄도 버틸 수 없고, 저항할 수 없으며, 그 어떤 죄도 빠져나갈 수 없다.

조금씩 내 영혼이 맑아진다. 조금씩 정서적 안정이 이루어지며 숨이 쉬어진다. 천근만근 어깨를 짓누르던 책임과 부담감들이 서서히 가벼워진다. 우울하고 어둡고 창백했던 얼굴빛에 밝은 미소가 피어오른다. 어느새 하나님의 임재 그 자체에 몰입되어 '내가 여기 왜 왔지? 내 기도 제목이 뭐였지? 내 문제가 뭐였지? 내 고민이 뭐였지? 내가 어디가 아팠지? 내가 왜 이렇게 힘들었지?' 하고 나를 잊어버리게 된다.

나는 자주 교인들에게 이렇게 설교한다. "우리가 아무리 더러운 죄인이라도, 더러운 죄인들인 우리가 교회에 와서 예배드리며 하나님을 만나면 우리의 죄가 하나님의 영광을 더럽힐 수 있을까요? 한 주간 동안 세상에서 죄를 짓다가 지금 이 자리에 왔지만, 하나님보다 세상의 염려와 걱정과 근심에 사로잡혀 있는 우리 때문에, 이곳에 가득한 하나님의 임재와 영광이 줄어들 수 있을까요?"

절대 아니다. 단연코 아니다. 우리의 죄가 아무리 더러워도, 우리의 문제가 아무리 커도, 우리의 배신과 반복적인 절망이 아무리 내 인생을 캄캄하게 할지라도, 결단코 하나님의 선하심과 충만한 영광의 크기보다 클 수는 없기 때문이다.

나는 '먼지의 어리석은 꿈'이라는 제목으로 이런 설명을 하곤 한다. 만약 아주 작은 먼지 하나가 감히 태양을 더럽혀보겠다고 야심 차게 태양 가까이 접근한다고 가정해보자. 작은 먼지가 태양 가까이 다가간다고 해서 태양이 먼지 때문에 더러워질까? 전혀 아니다. 오히려 그 반대다. 태양이 더럽혀지지 않고 오히려 먼지가 타서 소멸된다.

이 원리와 똑같다. 하나님의 거대한 영광과 임재가 가득한 예배 현장에 아무리 더럽고 추악한 죄인이 등장할지라도 하나님의 영광은 조금도 더럽혀지거나 오염되지 않는다. 오히려 죄인의 죄가 타들어가고 죄의 기운이 소멸된다. 이것이 예배의 원리이다.

예배는 거룩한 만남(Holy Encounter)이자 거룩한 충돌(Holy Impact)이다. 성질과 밀도가 다른 두 존재가 충돌하면 견고하고 강한 것이 이기고 약하고 가벼운 것이 깨어진다. 어둠을 이기는 것이 빛이며, 거짓을 이기는 것이 진리이고, 약함을 이기는 것이 강함이다.

지금 내가 드리는 예배가 진짜 예배라면, 즉 '나'라는 연약한 죄인이 거룩의 본체이신 절대자 하나님과 만나는 현장에 있다면, 내 안에 있는 모든 죄가 소멸됨이 마땅하다. 내 죄는 사라지고 잊혀진다. 내 절망은 떠나간다. 내 고민, 내 우울, 스트레스와 분노, 아픔, 두려움도 태양보다 더 밝은 그분의 충만한 생명력 앞에 모두 소멸되고 말 것이다.

당연히 그런 예배에는 치유가 일어난다. 치유가 일어나는 것이 당연하다. 아니 치유가 일어나지 않을 수 없다. 문제가 해결되지 않을 수 없다. 결박과 묶임이 풀어지고 새 길이 열리고 새 강이 넘쳐흐르는 회복과 변화의 역동이 내 삶에 시작될 것이다.

참된 예배는 나를 초월하는 예배다

예배의 첫 단계에서 나를 잊는 과정이 일어나면, 그다음은 나를 넘어서고 돌파하는 초월의 단계에 이른다. 예배를 통해 전적인 하나님의 통치가 내 영혼육에 일어나기 시작하면서 하나님의 성품과 능력이 내 안에 나타나기 시작하는 것이다. 예수님은 다음과 같이 말씀하셨다.

> 너희가 내 안에 거하고 내 말이 너희 안에 거하면 무엇이든지 원하는 대로 구하라 그리하면 이루리라 요 15:7

예배를 통해서 하나님의 임재 안에 충만하게 거할 때, 하나님의 영이 나를 지배할 때, 내 영혼육을 통해 예수 그리스도의 무한한 신성과 능력이 풀어지게 된다. 생수의 강이 흐르고, 마른 뼈가 살아나는 생기가 작동하기 시작한다.

> 오직 성령이 너희에게 임하시면 너희가 권능을 받고… 행 1:8

성령님의 권능을 통해 일어나는 초월 현상은 전방위적으로 일어난다. 몸이 건강해질 뿐만 아니라 마음도 건강해진다. 행동이 바뀌고 습관이 바뀌게 된다. 의기소침하던 마음에 자신감이 생기고, 우울하던 마음에 기쁨이 솟아난다.

실패할 때 나를 짓누르던 좌절과 절망보다는, 다시 일어나 한 번 더 시도해보는, 그러면서 실패를 두려워하지 않고 도전하는 자신을 격려하고 위로하는 새로운 나, 나의 한계와 경계선을 넘어 그다음을 향해 힘차게 도약하고 싶은 새 힘이 솟아나게 된다.

하나님과의 만남인 예배를 통해 나를 잊어버리고, 나를 초월하는 경험을 계속할 때, 하나님께서 내게 계획하신 하나님의 일들이 일어나고, 하나님의 역사가 풀어지며, 성령님의 풍성한 열매들이 내 삶에 맺혀지기 시작한다.

멈춤의 예배, 멈출 수 없는 예배

2005년 온누리교회 주일 4부 예배 설교를 담당하고 있을 때, CCM 찬양 사역자 소리엘의 '주님 말씀하시면'이란 찬양의 가사가 너무 좋아서 성도들에게 가사를 읽어주고 있었다. 원래 계획은 이 가사를 멋지게 들려준 다음 이 가사대로 주님 말씀에 잘 순종하자고 전하려는 것이었는데, 가사를 낭독하던 중간에 강력한 감동이 임했다. 이 찬양 가사의 일부가 덜컥 목에 걸린 것이다.

문제의 가사는 "주님 뜻이 아니면 내가 멈춰 서리라"라는 부분이었다. 이 부분을 읽는데 목소리가 떨리면서 그다음 가사를 읽을 수 없었다. 성령님은 비수처럼 그 가사를 내 가슴 깊은 곳에 꽂아 넣으셨다. 동시에 눈물이 왈칵 쏟아졌고, 나는 힘없이 계속 "멈춰서리라… 멈춰서리라… 멈… 춰… 서…"라는 가사만 반복했다.

온누리교회 주일예배 설교는 인터넷과 CGN TV 생중계로 실시간 방송 중이었다. 그런데 그 라이브 예배 시간에 성령님께서 찬양 가사 그대로 나의 설교를 멈추셨다. 어서 이 상황을 수습하고 설교를 계속해야 하는데 감정이 복받쳐 눈물이 멈추지 않았다.

당시 나는 눈코 뜰 새 없이 사역을 벌이고 있었고, 감당할 수 없을 만큼 바쁘게 지냈다. 사역을 잘하고 싶고, 나름대로 잘하고 있다고 생각했다. 상담실, 가정 사역, 공동체 사역, 하나님의 가정훈련학교, 아버지학교, 결혼예비학교, 수요부흥예배, 성령 사역 등 내가 참여한 사역마다 부흥이 일어났고 하나님의 기름부음이 임했다.

그래서 더 멈출 수가 없었다. 몸은 지쳐갔지만 사역의 분량은 점점 늘어났다. 좀 더 새롭고 획기적인 사역 또한 기획하고 있었다. 만약 사역을 멈춘다면, 지금까지 쌓아올린 공든 탑이 무너질 것 같은 압박감 때문에 멈출 수가 없었다.

설교 중간에 터지기 시작한 울음은 약 10분 정도 지속되었던 것 같다. 하나님께서 브레이크를 걸자 설교는 멈추었지만 반대로 눈물을 멈출 수 없었다. 겨우 눈물을 가라앉히고 다시 설교를 하기 위해 얼굴을 들었을 때, 나는 성도님들을 바라보며 깜짝 놀랐다. 성도님들 역시 그 시간을 오롯이 기다려주시며 강단에서 울고 있는 젊은 목사와 함께 울어주고 계셨다. 물론 내가 우는 이유는 알지 못하셨을 것이다. 그러나 강단 위에서 주체할 수 없이 눈물을 흘리는 목회자를 측은히 보시며 그 아픔과 눈물에 공감해주셨다. 그것은 평생 잊을 수 없는 '멈춤'의 예배였으며, 평생 잊을 수 없는 멈출 수 없었던 예배였다.

두 종류의 예배자

교회 안에는 두 종류의 예배자가 있다. 스스로 하나님을 선택해 하나님을 붙잡고 살아가는 '내가 복음'의 예배자와 하나님의 부르심과 선택에 이끌려 하나님의 길을 가는 '나의 복음'의 예배자이다.

'내가 복음'의 예배자는 나의 필요에 의해서 교회에 나오고, 나의 필요에 따라 신앙생활을 하는 사람, 내가 하나님이 좋아서 하나님, 예수님, 성령님을 믿고 예배하며, 내 마음 상태에 따라 헌금과 헌신을 결정하고, 사역과 봉사에 열과 성을 다하는 사람이다. 이런 그리스도인들은 자발적으로 헌신하는 모범적인 모습을 보이며, 주위 사람을 놀라게 할 만큼 값진 헌신과 감동을 주기도 한다.

그러나 '내가 복음' 예배자는 자주 한계 상황에 부딪힌다. 교회나 하나님의 인도가 자신의 믿음의 수준을 벗어나는 순간, 자신이 옳다고 믿는 신앙의 방향과 하나님의 방향이 다르다고 생각되는 순간, 교회의 결정과 목회 방향이 나의 경험과 지성을 넘어선다고 생각되는 순간, 믿음생활이 사람들과 부딪히고 충돌하는 수위에 이르렀다고 느끼는 순간, '내가 복음'의 예배자는 그동안 단단히 붙잡았던 하나님의 손을 과감히 뿌리친다. 하나님에 대한 기대가 무너졌으니 이제부터는 스스로 믿음의 길을 가려 한다. 믿음보다는 경험을, 진리보다는 자의적 판단을 의존한다. 여기도 두드려보고, 저기도 건드리면서 안전하고 부담 없고 확실히 보장된 길을 선택한다.

이런 '내가 복음'의 예배자들은 적당한 그리스도인이며, 안전한 그리스도인이다. 과도한 영적 모험을 하지 않는 수준에서, 매우 현명할 뿐 아니라 안정적이고, 세련되며, 정숙한 신앙생활을 선택한다. 좌로나 우로 치우침이 없고 흔들림이 없다. 교회생활도 순탄하다. 때를 따라 주시는 응답의 복을 받으며 잘 산다. 부러울 만큼 행복한 삶을 누리기도 한다.

그러나 '내가 복음'의 예배자들은 거기까지다. 더 이상의 모험이나 영적인 감동은 없다. 본인들은 잘 살 수 있는지 모르지만, 다른 사람에게 깊은 감동을 주거나 거친 세상을 바꿔나가는 변화의 주체는 되지 못한다. 믿음 때문에 희생과 손해, 불이익이 발생할 때, 고난과 시련의 강도가 생각보다 심대하다고 느낄 때, 손쉽게 하나님을 포기하고 살아갈 궁리를 모색한다. 환난 앞에서 두려움에 떨며 하나님을 원망하고 믿음의 삶을 후회하기 시작한다. 현대 사회에 교회가 많고, 교회에 출석하는 교인들이 많아도 세상이 거룩해지지 않는 것은 이런 예배자들이 많기 때문이다.

반면 하나님이 이끄시는 '나의 복음'의 예배자는 전혀 다르다. 하나님이 삶의 주도권을 붙잡으실 때, 가장 처음 느끼는 감정은 두려움이다. 내 경험과 상식, 생각의 범위를 넘어서는 인도하심에 두려움과 극도의 불안감을 느낀다. 부담스럽다. 갑자기 모든 것을 내려놓고 긴급히 따라가야 하기 때문이다. 배, 그물, 집, 가족, 기호, 취미, 쾌락, 유익, 이익, 명예 등 버릴 만한 것은 다 버려야 한다. 포기할 수 없다고 생각한 부분까지 전부 포기해야 한다.

하나님이 이끄시는 길은 막막한 사막 한가운데 버려진 것 같고, 천길 낭떠러지로 떨어지는 것 같고, 초라한 나그네 신세가 된 것 같다. 그러나 그것이 다는 아니다. 시간이 흐르면 변화가 시작된다. 뭔가 새롭고 신선한 움직임이 감지된다. 코끝에 청량감을 주는 생기의 바람이 불기 시작한다. 내면 깊은 곳에서 뜨거운 것이 올라오며 가슴이 불붙기 시작한다. 내면의 속 사람이 하나님의 영으로 온전히 채워지며 영적 엔진에 시동이 걸린다. 주저앉은 자리를 박차고 일어나 걷게 되고, 걷던 걸음이 달음박질하기 시작한다. 급하게 달리던 발길은 어느새 공중으로 날아오른다. 마음이 깃털처럼 가벼워지고 온몸과 마음에 새 힘과 능력이 솟구친다.

아무것도 없는 곳에서 모든 필요가 채워진다. 홍해가 갈라진다. 반석에서 물이 솟는다. 하늘에서 풍족한 만나가 쏟아진다. 여리고가 무너진다. 오병이어의 기적이 일어난다. 가보지 못한 곳, 해보지 않은 일에 흥분하기 시작한다. 전대에 돈도, 두 벌 옷도, 신발도, 식량도 하나 없는데, 과감히 낯선 곳, 어두운 땅을 향해 발을 옮긴다.

하나님은 오늘도 하나님의 예배자 한 사람, 말씀 받고 성령 받은 하나님의 한 사람, 하나님의 영에 온전히 사로잡힌 '나의 복음'의 예배자를 찾으신다. 그리고 그를 통해 삶의 온전한 예배를 받기 원하신다.

예배는 장소를 초월하는 하나님과의 만남이다

예배란 하나님과의 만남, 예수님과의 만남, 성령님과의 만남이자 예배자인 인간이 살아 계신 하나님을 만나는 충격적인 경험을 통해 생명이 회복되는 위대한 사건이다. 이 정의에 따르면 예배는 적어도 다음 네 영역에서 초월성을 갖는다.

첫째, 예배는 장소를 초월하는 하나님과의 만남이다. 좋은 장소는 중요하다. 넓은 본당, 좋은 음향 시스템과 조명, 편리한 주차장, 청결한 탁아시설, 산뜻하게 잘 조성된 교회학교 예배실은 교회의 필수 요소이다. 그러나 아무리 좋은 장소나 공간도 하나님을 만나는 예배보다 더 우선시되면 안 된다.

예배자는 장소를 초월해서 예배할 수 있다. 예배란 예배당 내로 제한할 수 없는 위대하고 광범위한 사건이다. 참된 예배자는 어디서든 예배할 수 있고, 또 그렇게 할 수 있어야 한다. 예배는 어디서든 가능해야 하고, 가능하다. 예배자가 나아가 예배하는 그 자리가 거룩한 곳, 곧 성전이 된다.

그 곳이 직장이든 가정이든 차 안이든 공원이든 길거리이든 초막이나 들판이나 심지어 화장실에서도 예배는 가능하다. 하나님은 어떤 장소에나 충분히 임재하시고 어떤 공간에서도 기꺼이 예배를 받으신다. 참된 예배자는 장소와 공간을 다스릴 능력이 있다. 예배자가 가는 곳, 밟는 땅, 그 자리가 거룩한 성전이다.

예배는 시간을 초월하는 하나님과의 만남이다

참된 예배자는 언제든지 예배가 가능하다. 어떤 시간, 어떤 요일, 어떤 계절이든지 예배드릴 수 있다. 새벽에 예배할 수 있다. 물론 아침에도 가능하다. 점심이나 저녁에도 상관없다. 월요일, 수요일, 공휴일, 주일에도 괜찮다. 언제 예배하느냐보다 더 중요한 것은 "하나님을 정말 만났는가?" 하는 것이다. 사람은 자신이 가장 중요하다고 생각하는 일을 우선순위에 놓게 되어 있다. 지금 중요한 약속이 잡혀 있더라도 그 사이에 갑자기 더 긴박하고 더 중요한 일이 생기면 순위는 뒤바뀌기 마련이다.

하나님을 예배하는 일보다 더 긴박하고 중요한 일이 있을까? 하나님께 기도하는 시간을 미루어야 할 만큼 중요한 일이 있을까? 믿음의 사람이 최우선으로 해야 할 일은 당연히 예배이다. 믿음의 사람의 일상은 당연히 예배 중심으로 돌아가야 한다.

예배가 시간을 초월하는 하나님과의 만남이라면, 예배자는 시간을 지배하고 시간을 초월하는 존재가 될 수 있다. 내가 예배하는 그 시간, 찬양하는 그 시간, 기도하는 그 시간, 말씀 안에 거하는 그 시간은 언제든지 거룩한 시간이 된다.

그 시간이 언제든 상관없다. 하나님을 만나 예배하고 찬양하고 기도하는 바로 그 시간이야말로, 안개와 같은 피조물인 인간이 우주 최고의 존재를 만나는 가장 경건한 시간, 가장 신령한 시간, 가장 아름답고 가치 있는 시간이 된다.

예배는 대상을 초월하는 하나님과의 만남이다

예배는 대상을 초월한다. 예배는 직업을 초월하고, 나이를 초월하며, 신분, 인종, 국적을 초월한다. 어린아이이든 청년이든 중년이든 노인이든 관계없다. 부자, 가난한 자, 기업인, 의사, 음악가, 디자이너, 노무자 아무 상관이 없다. 박사 학위자나 초등학교 졸업자나 아무런 문제가 안 된다. 어떤 질병이나 상처, 트라우마가 있든, 어떤 험악한 세월의 고난이나 광야의 시기를 지났든, 외롭든 외롭지 않든 전혀 관계가 없다.

누구든지 예배할 수 있다.
누구나 예배할 수 있다.
누구든지 구원받을 수 있다.
누구나 말씀을 들을 수 있고,
누구나 말씀을 읽을 수 있으며,
누구나 성령님과 동행할 수 있다.

가끔 전도하기에 단단한 벽이 느껴지는 사람들을 만나기도

한다. 그러나 '저 사람은 절대 안 될 것 같아. 저런 사람은 예수님께 나오지 못할 거야. 저 사람에게는 도무지 희망이 없어'라고 생각되는 사람일지라도 하나님이 살짝 건드리시면, 하나님이 손대시면, 하나님이 흔드시기만 해도 충분히 예배자가 될 수 있다. 왜냐하면 예배는 대상을 초월하는 하나님과의 강력한 만남이기 때문이다.

예배는 형식을 초월하는 하나님과의 만남이다

예배의 가장 위험한 적(敵)은 예배다. 참된 예배를 가장 방해하는 예배의 치명적인 적은 너무 익숙해진 전통 예배이다. 너무 익숙하고 전혀 불편하지 않은 형식과 전통의 틀 안에 갇혀 있는 예배, 예배를 가장 심각하게 방해하는 것이 예배이며, 예배를 가장 심각하게 오염시키는 것 역시 예배이다. 역사는 매우 중요하다. 전통은 소중한 역사적 유산이요 가치다. 역사와 전통에는 그럴 만한 충분한 이유와 가치가 있다.

그러나 많은 교회가 교회의 유산, 전통과 형식을 고집하다가 본질을 놓친다. 예배의 전통과 형식, 방법이 아무리 소중하고 중요하다 해도, 하나님보다 중요하지는 않다. 그래서 예배는 형식을 초월해야 하고, 초월할 수 있어야 한다. 만약 지금 내가 하나님을 만날 수만 있다면, 지금 하나님의 임재를 느낄 수 있다면, 형식과 전통을 바꾸는 것은 전혀 문제가 되지 않는다. 하나님은 인간의 건물, 인간의 제도, 인간의 전통, 형식, 그리고 인간의 방법 안에 갇히시는 분이 아니기 때문이다.

오르간 전주와 함께 웅장한 송영으로 시작해야 은혜받는 분들이 있다. 시끄러운 전자 악기와 드럼 소리를 견디기 어렵다는 어르신들이 있다. 반대로 오르간 소리와 함께 깊은 잠에 빠지는 청소년들이 있다. 신시사이저와 일렉 기타, 드럼과 베이스 연주로 시작해야 예배의 문이 열리는 청년들이 있다.

그러나 진정한 예배는 형식을 초월한다. 반주가 없어도, 시끄러운 연주가 없어도, 심지어 침묵만으로도 얼마든지 예배는 가능하다. 교독문 낭독 순서가 있어도 괜찮고 없어도 괜찮다. 사도신경을 해도 되고 안 해도 된다. 그것은 큰 문제가 아니다.

대표기도를 장로님이 할 수도 있고, 집사님이 할 수도 있다. 일반 성도나 초신자가 할 수도 있다. 또한 대표기도를 반드시 해야 하는 것은 아니다. 찬양대, 특순, 특주, 주기도문, 축도가 있어야 경건한 예배일까? 그렇지 않다. 교역자 없이 성도님들끼리 모이는 구역예배, 교회학교 분반 공부, 심지어 혼자서 골방에서 드리는 개인 경건의 시간을 통해서도 얼마든지 하나님을 만날 수 있다.

중요한 것은 형식이 아니라 '만남'이 이루어지고 있느냐는 것이다. 내가 지금 드리는 예배에 하나님의 충만한 임재가 있는가? 내가 온전히 하나님께만 집중하고 있는가? 여전히 하나님만을 갈망하고 있는가? 이것이 예배의 핵심이다. 하나님을 만날 수 있다면, 하나님의 임재 안에 충만히 거할 수 있다면, 하나님의 주권과 통치 안에 있을 수 있다면, 어떤 예배의 형식과 방법도 가능해야 하고, 가능할 것이라 믿는다.

PART 3

예배는 예배자 한 사람의 변화다

07

탈진이라는 복병을 만나다

번 아웃(Burn-Out)

 2014년 목양교회 담임목사로 부임한 후, 역시 '예배'에 목회 초점을 맞추고 집중적으로 사역하자 하나님께서 점진적인 부흥을 허락하셨다. 매해 출석 성도뿐 아니라 예산도 증가했다. 주일 오전 예배와 오후 예배, 새벽기도회와 수요부흥예배의 열기가 더하면서 성도들이 늘자 1-3부 주일예배 좌석이 점점 차더니 결국 주일 3부에는 예배 좌석이 모자라 보조의자를 놓기 시작했다.

 예배의 부흥은 곧 교회 모든 부서의 전반적인 부흥으로 이어졌다. 교역자 수가 늘어났고, 사역자들이 다양해졌으며, 새가족들이 찾아왔다. 교회가 부흥할수록 나의 열심도 더해갔고, 교회 사역이 늘어나면서 나는 더욱 바빠졌다. 당연한 일이라 생각했다. 그리고 그것이 하나님이 베푸신 은혜에 내가 할 수 있는 합당한 태도라고 생각했다. 그런 은혜를 주신 하나님께 정말 감사했고 행복하게 목회했다.

한국 교회가 모두 어렵다는데 나 같은 사람에게 이런 은혜를 주시다니, 목양교회에 이런 건강한 부흥을 주시다니, 잃어버린 영혼들이 주님께 돌아오고, 교회에 상처를 받고 떠났던 사람들이 다시 돌아온다. 다음세대 청년들과 교회학교 아이들의 기도 소리가 뜨거워지고, 국내와 해외 선교 사역이 확장되고, 그 현장의 중심에 내가 있다는 사실이 믿기지 않을 만큼 행복했고 감사했다.

그래서 더 고삐를 바짝 조였다. 더 열심히 스케줄을 잡고 미친 듯이 사역에 몰두했다. 주신 부흥의 때를 놓치지 않고 은혜 주실 때 마음껏 불태워보리라는 각오로 점점 더 강하게 목회에 드라이브를 걸었다. 매주 주일 오전에 성인 공동체 예배 설교 3번, 2시 청년부 예배 설교, 저녁예배 설교까지 3가지 종류의 설교를 5번이나 했고, 화, 수, 목, 금 새벽기도회, 수요 오전 여성예배, 수요 저녁 부흥예배 설교를 했다. 주중에는 사역 회의와 교구 심방, 그리고 월요일은 장신대 목회상담학 겸임교수로 세 과목 9시간을 강의하는 무리한 일정을 소화하며 겨우 견디고 있었다.

지금 생각해보면 정말 정상이 아닌 미친 일정이었다. 당연한 결과이겠지만, 내 건강은 얼마 버티지 못했다. 담임목사로 부임한 지 5년째인 2018년 가을, 어느 날 아침부터 내 몸에 이상한 증상이 일어났다. 나의 의지와 상관없이 머릿속에서 끊임없이 생각이 떠올랐다. 모두 목회와 교회에 대한 생각들이었다. 자나 깨나 교회 생각, 목회 생각, 어디를 가나 사역에 대한 생각이 샘 솟듯이 올라왔다. 물론 목양교회에 필요하고 목회에 도움이 되는 생각이었다. 철저하고 치밀하게 계획하여 진행하고 있으나 계속 보완해야 할 점, 한 번 더 확인해야 하는 일들이 끊임없이 생각났다.

그런데 이상했다. 전에는 그런 새로운 목회 아이디어가 떠오르면 하나님의 은혜라 여기고, 메모해두었다가 목회 현장에 잘 적용하며 감사했다. 그런데 새로운 생각이 올라오고, 새로운 아이디어가 떠오르는데 기분이 묘했다. 뭔가 잘못되었다는 불안한 예감마저 들었다. 아무리 멈추려고 해도 생각이 멈춰지지 않았다. 미친 듯이 계속 생각이 떠올랐다.

이런 증상이 반복되던 어느 날, 갑자기 섬뜩한 깨달음이 왔다. 현재의 내 모습이 강박증 환자에게서 나타나는 증상임을 알았기 때문이다. 강박증은 곧이어 신체화 현상으로 나타났다. 먼저 시작된 것은 급격한 소화불량이었다. 어떤 음식을 먹어도 체하고 토했다. 교회 사무실에는 소화제와 탄산음료가

상비되어 있었다. 어떤 음식을 먹어도 속이 불편했다. 하루이틀 굶으면 괜찮다가 얼마 후 다시 소화불량이 찾아왔고, 다른 여러 처방도 소용이 없었다.

병명은 전정신경염

2019년 1월 제주도로 교역자 수련회를 가기 위해 비행기를 탔다. 아침부터 울렁거린 속이 비행기에 타자마자 머리가 빙빙 도는 어지러움 증상으로 변했다. 이런 어지럼증은 난생처음이었다. 갑작스런 공포감이 몰려와 도저히 비행기를 탈 수 없을 것 같았다. 승무원은 항공기 출입문이 이미 닫혀서 비행기가 출발해야 하니 제주도에 도착하면 앰뷸런스를 불러주겠다고 했다.

비행기는 이륙했고 이륙하자 내 머릿속은 깨질 듯이 아파왔다. 너무 어지러워서 잠시 기절했던 것 같다. 간신히 제주 공항에 도착했고, 비행기에서 내리자마자 앰뷸런스에 실려 병원 응급실로 이송되어 여러 가지 검사를 진행했다. 응급실에서 수액을 맞으니 어지러운 증상이 조금 진정되었다.

검사 결과 과로로 인한 쇼크 같다고 별다른 이상은 없어 보인다고 했다. 그 후 나는 2박 3일의 수련회 일정으로 쉼과 안식의 시간을 가진 다음 교회로 복귀하였다. 다시 일상으로 돌아와 열심히 사역했지만 4개월 후인 2019년 5월 어지럼증이 재발되어 부목사님들의 부축을 받으며 병원에 가는 일까지 벌어졌다. 수액을 맞고 잠깐 잠이 들었다가 눈을 떴을 때 온 세상이 빙글빙글 돌았다. 이번에는 아예 눈을 뜰 수 없을 만큼 어지러웠다.

어지럼증과 동시에 심한 구역질과 구토가 반복해서 일어났다. 증상은 나아지지 않고 갈수록 심해졌다. 이러다가 머리가 터질 수도 있겠다는 공포감이 밀려들 때쯤 나는 다급히 아내를 불렀다. 아내는 119를 호출했고, 우리는 구급차를 타고 구리 한양대 병원 응급실로 향했다. 병원에서 다시 머리 위주로 CT와 MRI 등 몇 가지 중요한 검사를 했다. 검사를 마치고 나서 이비인후과 담당 의사가 찾아와 병명을 말해주었다.

전정신경염

생전 처음 들어보는 병명이었다. 일단 뇌에 이상이 없고, 생명에 지장이 없다는 의사의 말에 안도했다. 전정신경염은 사람의 양쪽 속귀에서 평형기능을 담당하는 전정(前庭) 기관에 염증이 발생하여 평형감각이 상실되어 어지럼증이 발생하는 질병이라고 한다. 전정신경염으로 평형기능이 손상되면 회복이 어렵다.

내 경우 왼쪽 전정 기관이 망가져 오른쪽 전정 기관의 평형기능으로 몸의 균형을 맞춰야 하기 때문에 회복에 시간이 걸리니까 무조건 참고 기다려야 한다고 했다.

일단 뇌 손상이나 다른 심각한 질환이 아니라서 다행스러웠다. 더욱이 정확한 진단을 받고 나니 안도감을 느꼈다. 목양교회 담임목사로 부임한 이후 쉬지 않고 달려온 시간들이 주마등처럼 스쳐갔다. 아니, 목양교회부터가 아니었다. 2000년 12월 온누리교회에 부임한 이후로부터 2019년까지, 19년 동안 쉬지 않고 목회 현장을 달려왔다. 무리인 줄 알면서도 스케줄이 빼곡하게 채워지는 것을 기뻐했고, 인정받고 쓰임 받고 있음에 감사해서 다시 열심히 달렸다. 계속해서 몸이 경고 신호를 보내는데도 무시하고 사역에 몰두해온 것이다.

제가 다시 목회할 수 있을까요?

급기야 하나님은 2019년 5월 첫째 주, 그것도 금요성령집회를 몇 시간 앞두고 나를 강제 입원시키셨고, 그 날부터 모든 목회를 멈추게 하셨다. 담임목사가 어지럼증으로 입원한 사실이 전 교인에게 알려지고 교회는 비상이 걸렸는데, 그와 반대로 내 마음에 평안이 찾아왔다.

"아, 이제 좀 살겠다⋯."

병명을 설명해주신 담당 주치의 선생님의 말씀도 내게 큰 위로가 되었다. "어지럼증은 질병도 병의 원인도 매우 많습니다. 특히 전정신경염의 발병은 다양한 원인이 있지만, 주원인이 스트레스와 과로입니다. 환자분은 그동안 정말 성실히, 열심히 살아오신 것 같네요. 이 병에 걸렸다는 것이 그 증거입니다. 이제 좀 편히 쉬는 시간을 가져보세요."
이 한마디가 마치 그동안 수고한 내 인생을 위로해주시는 하나님의 음성으로 들렸다.

그래, 너 그동안 수고 많았다. 이제 좀 쉬엄쉬엄하렴!

긴장이 풀리고 마음이 놓이자 온몸에 힘이 빠졌고, 나는 입원해 있는 동안 매일 아기처럼 잠을 잤다. 최근 몇 년 새 그렇게 꿀잠을 자본 적이 없는 것 같았다. 잠깐 깨어나 식사한 다음 다시 쓰러져서 잠을 잤다. 자도 자도 졸렸다. 19년 동안 미뤄온 것 같은 잠을 2박 3일 내내 잔 느낌이었다. 그러나 당분간 전적으로 쉬어야 한다는 말에 다시 앞이 캄캄해졌다.

이제 목회 어떻게 해야 하지?

하나님 저, 어떻게 해요?

저, 쉬지 않고 열심히 하나님과 교회만 바라보고 달려왔는데,

저 앞으로 어떻게 하지요?

제가 다시 목회를 할 수 있을까요?

절망과 원망, 그리고 염려와 탄식이 나왔다. 장신대 신학대학원을 졸업할 때 썼던 졸업 논문의 제목이 '한국 목회자의 탈진'이었다. 목회상담을 공부한 후 수많은 탈진 환자, 우울증 환자, 불안장애, 강박장애 환자들을 상담해주었다. 그런데 환자들을 돕고 회복시키던 내가 직접 강박증과 탈진을 겪으며, 전정신경염에 걸리니 어이가 없고 당황스러웠다.

힘들면 내려놓아도 돼!

퇴원하고 집에 돌아왔지만 어지러움은 쉽게 가라앉지 않았다. 일단 5월 한 달간 부목사님들이 주일 설교와 사역을 담당하기로 하고 나는 집에서 안정을 취하며 보내기로 했다. 마음은 조급하고 몸의 회복은 생각처럼 빠르지 않았다. 연말까지 모든 목회 일정이 짜여 있는데, 부교역자들의 임시 대처로는 역

부족이었다. 나는 조금 어지러워도 일단 주일설교를 해야겠다고 마음먹었다.

그래서 5월 넷째 주부터 다시 주일예배 설교 강단에 올랐다. 성도님들은 걱정 반 반가움 반의 반응을 보였다. 교회에서 두 달의 병가를 허락해주어서 두 달 동안은 주일설교만 했다. 두 달 후 다시 목회 현장으로 복귀했지만 탈진된 몸은 이전처럼 많은 스케줄을 감당할 수도 없었다.

나는 일주일에 6,7번은 한의원, 마취통증의학과, 내과를 오가며 치료를 받았다. 그렇게 어느 정도 몸을 회복시켜서 주일예배 설교에 모든 에너지를 쏟아내면 온몸이 방전되어 집에 오자마자 쓰러질 듯이 드러눕는다. 그럼 다시 월요일부터 토요일까지 부지런히 병원을 다니며 재충전을 한다. 그리고 다시 주일예배에 온 힘을 쏟아붓고 집으로 돌아온다.

담임목사의 사역 분량을 5분의 1 수준으로 줄이게 되자 어쩔 수 없이 교회 사역에 구조적인 변화가 일어났다. 부교역자들의 목회 영역과 장로님들과 사역 팀장들의 책임과 역할도 늘어났다. 지나치게 담임목사에 의존적이었던 목회 구조가 자연스럽게 평신도 사역자 중심으로 전환된 것이다. 하나님께서 교회를 변화시키는 방법은 참으로 이상하고 엉뚱한 것 같다. 그런데 놀라운 것은 나의 건강 상태와 관계없이 교회는 계속해서 꾸준히 성장하고 있었다는 점이다.

담임목사의 탈진은 오히려 교회 성도들의 예배와 기도에 불을 지폈고, 이제는 담임목사에게 의존하는 신앙이 아니라, 스스로 하나님을 만나고, 사역 책임을 각 팀의 리더들이 감당하는 자율적인 시스템이 구축되었다.

하지만 담임목사가 아직 50대 초반이고, 교회가 꾸준히 성장 중인데, 이런 체력과 건강 상태로는 계속 목회를 감당할 수 없을 것 같았다. 나는 목회를 시작한 지 처음으로 심각한 고민에 빠졌다. '주일설교만 하면서 목회를 할 수는 없지. 이런 건강 상태로는 목회를 지속할 수 없어. 목양교회 담임목사 자리를 내려놓아야 할까?'

이렇듯 벼랑 끝에 서서 하루하루 간신히 버티고 있는 나를 옆에서 지켜보던 아내가 어느 날 내게 이렇게 말해주었다.

여보, 힘들면 내려놓아도 돼. 그동안 너무 열심히 해왔잖아.
너무 힘들면 당분간 목회를 쉬고, 어떻게든 버텨보자.
당신, 그동안 너무 애썼어.

아내의 이 말이 내 귀에 들리는 순간, 나는 십수 년 동안 나를 짓누르던 돌덩어리 같은 무거운 짐의 무게가 눈 녹듯이 사라지는 느낌이 들었다. 가슴을 묵직하게 짓누르던 강한 눌림이 풀어지는 느낌이 들었다. 감사했다. 다행이었다. 그런 말을 해주는 가족이 있어서 참으로 고마웠다.

코로나 기간과 육신의 건강 이슈

그러던 와중에 코로나가 터졌다. 2020년 2월 말 코로나가 전 세계로 확산되면서 나라마다 모임과 집회 금지령이 떨어졌다. 한국 교회 또한 모든 예배와 집회, 모임이 엄격히 제한받게 되었고, 주일예배를 현장에서 드릴 수 없게 되고, 주일예배를 포함한 모든 예배와 모임을 온라인으로 진행해야 하는 상황이 발생했다. 자연스럽게 예배를 제외한 심방, 훈련, 강의, 아웃리치 등의 사역이 멈춰버렸다.

누가 코로나를 상상이나 했을까? 2020년 1월만 해도 아무도 상상할 수 없던 일이 2월부터 벌어져 2년 이상 지속되었다. 그런데 아이러니하게도 바로 이 기간이 나에게는 탈진과 어지럼증으로 망가질 대로 망가진 몸과 마음을 회복할 수 있는 절호의 기회였다. 좀 과장된 표현이기는 해도 아내는 내게 이렇게 말해주었다.

"하나님께서 당신을 얼마나 사랑하시는지, 전 세계를 흔들어

당신을 쉬게 하시네. 당신에게 건강을 회복할 기회를 주셨네."

그랬다. 사실이다. 적어도 나에게는 정말 그랬다. 하나님께서 코로나로 전 세계를 멈추시고, 영적인 새 시대를 진행해 가시는 거대한 경륜 속에서, 특별히 내게 집중하라고 인도하시는 영역은 무엇보다 건강이었다. 사람의 영혼육은 서로 긴밀하게 연결되어 있고, 상상 이상으로 밀접한 영향을 끼친다. 가장 중요한 영역은 영(Spirit)의 영역이다. 영의 건강이 혼과 육의 건강에 결정적인 영향을 끼치지만, 건강을 잃어보니 육의 건강 역시 영에 상당한 영향을 끼친다는 것을 알았다. 아무리 성령충만하고 은혜가 넘쳐나도, 건강을 잃으면 예배에 전념할 수 없고, 목회에 충실할 수 없으며, 주신 사명을 감당할 수 없다는 사실을 처절히 배웠다.

또 한 가지의 깨달음은 육의 건강은 기도와 말씀만으로 좋아질 수 없다는 사실이었다. 육의 건강은 예배당 안에서 드려지는 충만한 예배만으로 좋아질 수 없었다. 육의 건강을 위해서는 몸을 움직이고, 근육을 괴롭히며, 이를 꾸준히 반복 훈련하는 땀 흘리는 수고가 필요했다. 또한 매일 운동에 시간을 할애하여 규칙적이고 꾸준한 운동을 실천해야만 건강이 회복된다는 사실도 배웠다.

코로나 기간 동안 나는 반드시 건강을 회복해야 했고, 일단 모든 에너지를 건강 회복에 집중했다. 일단 두 가지 목표를 세웠다. 그것은 식사와 운동이었다.

잘 먹는 것이 영성이다

성경에는 의외로 음식을 주제로 한 이야기들이 많다. 놀랍게도 창세기부터 요한계시록까지는 예배 이야기와 함께 먹는 이야기가 많이 등장한다. 음식 이야기는 창세기 1장부터 시작한다.

> 하나님이 이르시되 내가 온 지면의 씨 맺는 모든 채소와 씨 가진 열매 맺는 모든 나무를 너희에게 주노니 너희의 먹을 거리가 되리라 또 땅의 모든 짐승과 하늘의 모든 새와 생명이 있어 땅에 기는 모든 것에게는 내가 모든 푸른 풀을 먹을 거리로 주노라 하시니 그대로 되니라 창 1:29-30

창세기를 시작으로 레위기 11장에서는 먹을 수 있는 정결한 음식과 먹으면 부정하게 되는 음식, 먹지 못할 금지 음식에 대한 자세한 기록이 나온다. 구약의 대표적인 기적은 만나와 메추라기 기적이다. 예수님의 첫 기적은 가나 혼인 잔치에서 물로 포도주를 만드신 기적이다. 복음서에 등장하는 가장 대표적인 기적은 오병이어 기적이다. 예수님이 십자가에 달리시기 전날 밤, 마지막 행하신 예식은 성만찬 예식이었고, 부활 후 갈릴리 바다에서 제자들을 다시 부르실 때는 떡과 고기를 준비해놓으셨다. 이렇듯 성경은 온통 먹는 이야기들로 가득하다. 왜일까? 하나님께서 창조하신 사람은 먹도록 지음 받았으며, 잘 먹어야 잘 살 수 있기 때문이다.

음식을 잘 먹는다는 것은 건강한 음식을 맛있게 먹고 잘 소화시켜서 신진대사가 촉진되는 행동이다. 잘 먹는 것이 영성이고, 잘 먹어야 예배할 수 있으며, 음식을 통해 들어오는 사탄의 공격을 초기에 차단할 수 있다. 인류 최초의 죄, 에덴동산의 죄의 역사는 먹는 것에서 시작되었기 때문이다.

> 여자가 그 나무를 본즉 먹음직도 하고 보암직도 하고 지혜롭게 할 만큼 탐스럽기도 한 나무인지라 여자가 그 열매를 따먹고 자기와 함께 있는 남편에게도 주매 그도 먹은지라 창 3:6

최초로 인류를 공격한 죄의 형태는 놀랍게도 음식을 통로로 들어왔다. 하나님께서 엄격히 금하신 금단의 음식을 탐욕의 눈으로 바라보는 순간 하와는 선악과를 따먹는 죄를 짓게 되었다. 사탄은 시각과 미각을 통해 인간의 탐욕을 자극했고, 말씀을 거스르는 죄를 유도했다.

　사탄은 음식을 통해 탐욕을 자극할 수 있음을 알고 있다. 음식을 통해 사람의 몸을 망가뜨리는 법도 알고 있다. 따라서 음식이 넘쳐나고 먹방과 미식과 요리의 시대를 사는 현대인들이 이 점을 반드시 기억해야 한다. 죄는 잘못된 식욕을 자극해 유해한 음식을 먹도록 유도하고, 입안으로 들어온 유해한 음식은 소중한 나의 영혼육을 망가뜨린다.

　죄는 식탐을 일으키고, 식욕을 자극하며, 자극적인 입맛에 중독되게 한다. 유해한 음식일수록 맛이 자극적인데, 병든 몸일수록 자극적이고 유해한 맛에 식욕이 당기게 된다. 달고 맵고 짜고 신 음식들일수록 혀끝을 자극하여 입에서는 달콤하지만, 몸 속에 들어오면 독이 되어 몸을 망가지게 한다.

　탈진과 전정신경염으로 쓰러지기 6개월 전부터 나에게 가장 먼저 드러난 현상이 심각한 소화불량이었다. 즉, 입맛과 몸의 체질이 망가진 것이다. 어느 때부터인가 식욕이 급격히 떨어졌고, 먹는 음식마다 속이 불편했다. 어떤 음식도 맛있지 않고, 맛있게 먹은 것 같은 음식도 얼마 되지 않아 속이 거북했다. 탈진으로 몸이 병들었기 때문에 유해한 음식이 당기는 체질이 되고, 이런 악순환이 반복되다가 심각한 소화불량에 걸린 것이다.

나는 건강한 몸의 회복을 위해 가장 먼저 입맛을 잡는 일과 체질 개선에 나섰다. 소개받은 한의원에서 체질 검사를 하고, 내 몸에 맞는 건강한 음식으로 과감하게 식단을 개선했다. 맛있는 밀가루, 고기, 유제품들을 전면 중단하고, 야채, 과일, 밥, 바다 생선 위주의 건강한 식단으로 모든 음식을 교체했다.

　식단 개선의 효과는 바로 나타났다. 기적같이 소화가 되기 시작하면서 몸이 편안해지고, 소화 기능이 올라오니 체력도 조금씩 올라오기 시작했다. 입으로 들어가는 음식이 건강하게 바뀌니 체질도 점점 개선되었다. 맵고 짜고 달달한 맛있고 자극적인 음식이 이제는 점점 맛없는 음식이 되었고, 전에는 손도 대지 않던 토마토, 상추, 양배추, 나물이 씹으면 씹을수록 깊은 맛이 나는 맛있는 음식이 되었다.

　좋은 예배자는 잘 먹는 예배자이다. 좋은 음식을 균형 있게 잘 먹고 건강해야 좋은 예배를 드릴 수 있다. 잘 먹고 소화를 잘 시켜서 건강한 몸으로 산 제물의 예배를 드릴 때 하나님께서 기뻐 받으시는 영과 진리의 예배가 될 수 있다. 먹는 일은 인간의 생명과 직결된 소중한 행동이며 생존 수단이기 때문이다.

걷기와 달리기로 드리는 몸의 예배

식단 변화를 통해 체질을 바꾸면서 병행한 것이 운동이었다. 처음에는 '걷기'부터 시작했다. 우연히 유튜브 채널을 통해 들은 한 마디 덕분이었다. "건강해지고 싶다면 일단, 무조건 먼저, 운동화를 신으십시오! 아시겠죠? 어렵지 않습니다. 무조건 운동화를 신으세요! 그리고 밖으로 나가 5분만 걸어보세요!" 이 말대로 편한 운동복을 입고 운동화를 신었다. 그리고 밖으로 나갔다. 그리고 걸었다. 아주 천천히 조금씩 걷기를 시작했다.

하지만 시작부터 만만하지는 않았다. 탈진 이후 워낙 체력이 떨어져서 나갔다가 200미터도 걷지 못하고 지쳐서 돌아오기도 했다. 의욕은 차고 넘쳤지만 결과는 절망스러웠다. 3-4킬로미터 정도는 너끈히 씩씩하게 걷고 돌아오는 모습을 기대했기 때문이다. 나는 더 이를 악물었다. 적당히 해서는 이 산을 넘을 수 없다는 현실에 단단히 마음을 먹고 다음 날 다시 운동화를 신고 밖으로 나갔다. 그때부터 새로운 나의 걷기 운동이 시작되었다.

처음에 200미터도 못 걷던 걸음이 조금씩 늘며 1킬로미터 정도 걸을 수 있게 되었다. 아주 조금씩 걷는 거리를 늘렸고 조금씩 걷는 속도도 빨라졌다. 매일 평균 약 8-10킬로미터를 걷게 되었을 때 문득 달려보고 싶다는 생각이 들었고, 그래서 달리기가 시작되었다. 처음 걷기를 시작할 때처럼 목표를 낮게 두었다. 800미터를 목표로 뛰던 첫날 1킬로미터를 달려 목표를 초과 달성했다.

'그래, 나도 할 수 있구나. 한 번 해볼만 할 것 같은데!'

그 첫 번째 성취감을 디딤돌로 일주일에 3-4회씩 꾸준히 달리기 시작했다. 꾸준한 달리기의 가장 큰 적은 조급함이었다. 빨리 달리기 수준을 늘리고, 빨리 더 건강한 모습을 갖고 싶게 하는 조급함. 달리기는 조급함과의 싸움이라는 것을 배웠다.

'누가 쫓아오지 않아. 내 기록을 가지고 뭐라 할 사람도 없어. 괜찮아. 충분해. 조급해하지 말고 천천히, 지금처럼 여유롭게, 그래, 이거야. 지금 아주 잘하고 있어! 빨리 달리는 것보다 중요한 것은 오래 꾸준히 달리는 일이야.'

그렇게 시작한 러닝이 6개월이 지나자 3킬로미터를 한 번도 쉬지 않고 뛸 수 있는 체력이 되었고, 동시에 체중도 빠지며 근력이 붙었다. 달리기를 시작한 지 1년 정도 지나자 매주 4-5회 5킬로미터를 달릴 수 있게 되었고, 지금은 좀 더 컨디션이 좋은 날은 8-10킬로미터를 뛸 수 있는 건강한 체력을 갖게 되었다.

걷기와 달리기가 습관으로 자리 잡으면서 먼저 얻은 유익은 체력이었다. 두 번째 유익은 정신 건강의 영역이다. 알고 보니 걷기와 달리기는 멍때리기에 최적화된 운동이자 머리 비우기에 최고의 운동이었다. 목회 아이디어 때문에 늘 생각의 늪에 빠졌고 강박증 초기 증세까지 보였는데, 눈앞에 펼쳐진 풍경을 바라보며 걷고 달리다보면 어느새 머리가 맑아지고 아무 생각이 없어진다.

걷고 달리다보면 입에서 찬양이 흘러나오고, 방언기도가 터져나올 때도 많다. 걸으며 달리며 하나님과 대화하는 일이 일상이 되어갔고, 순간순간 변해가는 자연 경관을 볼 때마다 박수와 탄성, 감사와 감탄의 고백을 하나님께 올려드렸다. 날마다 그 시간이 기다려졌고, 그 시간을 즐기게 되었다. 그냥 그 시간이 좋았다. 그 시간을 사모하게 되었다. 하나님과 나만의 은밀한 데이트 시간이었고, 내 몸과 마음과 영혼이 새로워지는 시간이었다.

그래서 매일 퇴근 후 오후가 되면 운동복을 갈아입고 무조건 밖으로 나갔다. 비가 와도 눈이 와도, 무더운 날씨에도 추운 날씨에도, 아침에도 점심에도 저녁에도, 시간만 나면 밖으로 나갔다. 짧을 때는 30분, 길 때는 3-4시간 정도 하나님과 행복한 데이트 시간을 보냈다.

하나님은 이 구별된 시간을 통해 나를 만나주셨다. 하나님은 이 시간을 통해 내 몸과 마음과 영을 새롭게 빚어가셨다. 하나님은 이 시간을 통해 2023년 3월 12일 코로나 이후 다시 시작될 목양교회 성령집회를 준비하셨고, 이를 위해 내 몸의 건강을 새롭게 소성시켜주셨다.

08

예배의 목표는 한 영혼의 변화다

Change vs Transformation

예배의 중요한 목적 중에 하나는 변화다. 한 영혼의 변화, 한 인생의 변화, 한 공동체의 변화, 한 시대와 한 세대의 변화, 그리고 전 시대적인, 전 우주적인 변화가 그것이다.

변화가 일어난다고 할 때 두 종류의 변화를 생각해볼 수 있다. 체인지(Change)와 트랜스포메이션(Transformation)이다. 'Change'와 'Transformation' 모두 한국어로 "변화"라고 번역할 수 있지만, 그 뜻은 완전히 다르다.

첫째, 체인지(Change)는 주로 외형적인 변화를 의미한다. 옷을 바꿔 입거나 안경이나 신발이 바뀌거나, 살던 집을 이사하거나, 직장을 옮기는 등의 변화다. 변화는 변화지만 그 사람의 본성, 본질, 성격, 기반은 변하지 않는 외형의 변화, 겉모습의 변화를 말할 때 'Change'를 사용한다.

예수 안 믿던 사람이 예수 믿고 교회에 다니기 시작한다. 교회에 출석하고, 예배드리고, 봉사한다. 그런데 삶의 내용은 전혀 변화가 없다. 예수 믿기 전이나 예수 믿은 후나, 교회에 출석하는 일을 제외하고는 여전히 세상적이고, 자기중심적 삶을 산다. 단지 자신의 욕망을 이루기 위한 도구가 종교로 바뀌었을 뿐이다.

신앙이라는 이름으로 교회 직분을 이용하고, 하나님의 도움과 능력을 이용해 여전히 내 욕구를 채우며, 불안과 두려움, 상처와 죄에 질질 끌려다닌다. 꾸준하고 성실하게 교회에 출석하지만, 말투도 인격도 성품도 태도도 전혀 변한 것이 없다. 그렇다면 그것은 체인지(Change)라는 작은 변화만 있었기 때문이다.

둘째, 트랜스포메이션(Transformation), 이 변화는 아주 강력하고 크고 깊은 변화, 본질과 근본과 뿌리가 바뀐 혁명적인 변화로 종종 혁명적인 변화, 변혁(變革)이라는 말로 표현되기도 한다. 옛 사람, 옛 모습, 옛 습관이 완전히 죽고, 전혀 다른 사람이 된 변화이다. 죄인이 의인 된 변화이다. 어둠이 빛이 된 변화이다. 거짓이 진실이 된 변화이다. 땅의 사람이 하늘의 사람이 된 변화이고, 세상 권세에 휘둘리던 사람이 하늘의 권능으로 세상을 제압할 힘이 생기는 변화이다.

성격, 말투, 인격, 가치관, 인생 목표, 사람과 돈과 세상을 대하는 태도와 방식이 완전히 바뀌는 변화, 문제와 고난을 대하는 태도가 완전히 뒤바뀐 인생이 되는 큰 변화가 트랜스포메이션(Transformation)이다.

이 변화의 핵심은 소속과 존재감이 바뀌는 것이다. 죄의 자녀, 마귀의 자녀였던 인간이 거룩하신 하나님 아버지의 자녀가 되는 변화, 아버지가 바뀌는 변화, 가문이 바뀌고, 족보가 바뀌고, 시민권이 바뀌는 거대한 변화이다.

예배의 목표는 한 사람이다

나는 예배를 시작할 때마다 매번 오늘 드리는 예배의 목표를 생각한다. 나의 예배의 목표는 늘 동일하다. 오늘의 예배를 통해 "단 한 사람만 변화하면 좋겠다"라는 목표이다. 나의 예배 목표는 크지 않다. 대단하거나 거창하지 않다. 그래서 부담스럽지도 않다. 오직 한 사람, 단 한 사람의 영혼이 오늘의 예배를 통해 강력하게 예수님을 만나 변화(Transformation)되는 삶을 살게 되는 것, 이것이 매번 드리는 예배의 목표이다.

나는 이 목표를 이루기 위해 이 예배의 자리 어딘가에 앉아 있을 오늘 준비된 한 사람, 한 영혼을 위해 전심으로 예배를 준비한다. 그리고 내 모든 에너지를 한 영혼을 향해 쏟아붓는다. 오직 하나님 한 분의 영광을 위해, 그리고 오늘 예배를 통해 하나님께서 만지실 준비된 한 사람의 영혼을 위해서 말이다.

오병이어의 기적은 한 소년의 작은 도시락으로부터 시작되었다. 그것은 그리 대단한 것이 아니었다. 앞으로 소년이 평생 누릴 모든 식사 중에 단 한끼의 식사에 불과했다. 그렇다고 하찮은 것도 아니었다. 소년이 드린 도시락은 소년에게는 매우 중요하고 절박한 식사였다. 도시락을 예수님께 내어드리면 자신이 굶어야 하기 때문이다. 그래도 소년은 도시락을 드리기로 결정한다. 계산 없이 순수하게 기꺼이 드린 자발적 헌신이었다.

1 대 20,000

예수님께서 축사하신 소년의 도시락은 엄청나게 불어났다. 소년이 드린 도시락 하나가 5천 명(여인과 아이들을 포함해서 2만 명)을 먹이고도 열두 광주리가 남을 분량으로 늘어났다. 이것은 한 소년의 작은 도시락으로 시작된 기적이었다.

사도행전 3장에는 베드로와 요한이 성전 미문에 앉은 앉은뱅이를 고치는 사건이 등장한다. 사도행전 2장에서 성령의 불을 받고 전 인격체가 성령으로 불타오르고 있던 두 사도가 앉은뱅이를 일으킨다. 그리고 앉은뱅이가 일어난 기적을 보고 베드로의 설교를 들은 사람 중에 남자 5천 명이 예수를 믿는 놀라운 일이 일어난다.

> 말씀을 들은 사람 중에 믿는 자가 많으니 남자의 수가 약 오천이나 되었더라 행 4:4

이 땅의 구원을 향한 예수 그리스도의 유일한 전략은 '사람'이었다. 예수님은 사람에게 주목하셨고, 사람에게 관심을 두셨다. 사람을 선택하고 사람을 준비시키시는 데 그분의 소중한 공생애의 시간을 다 쏟아부으셨다. 온 인류를 구원하는 위대한 과업을 완수하시기 위해 예수님이 선택하신 유일한 방법은 열두 명의 어설픈 사람들을 '불같은 제자'로 바꾸는 일이었다.

그 어설픈 열두 명에게 성령님이 임하시자 놀라운 일들이 일어났다. 제자들은 변화하기 시작했다. 변화의 속도는 급물살을 탔다. 어설픈 제자들은 하루가 다르게 불의 전사, 말씀의 사자, 성령의 폭탄이 되어 불꽃처럼 타오르기 시작했다. 예수님이 선택하셨던 제자 열두 명은 곧 120명으로 늘어났다. 그들은 다시 삽시간에 500명이 되었고, 숨 돌릴 틈도 없이 3천 명, 5천 명, 곧 2만 명으로 불어났다. 대제국 로마를 뒤엎은 후, 전 세계로 불길처럼 번지기 시작했다.

그 열두 명이 지난 2천 년 동안 수천억 명이 넘는 숫자로 번져 인류 역사의 흥망성쇠의 주역들이 되었다. 이것은 단지 열두 명에서 시작된 일이었다. 아니, 예수 그리스도 단 한 분으로부터 시작된 사건이었다.

예배자 한 사람의 회복과 그 영향력

예배자 한 사람의 은혜는 한 사람 안에 갇혀 있지 않는다. 예배자 한 사람을 통해 임한 하나님의 생명은 그 사람을 통로로 순식간에 사방으로 퍼져나간다.

마가복음 5장 25절 이하에는 예수님이 회당장 야이로의 딸을 살리시는 사건이 등장한다. 예수님께서 갈릴리 가버나움에서 설교하실 때 많은 군중들이 모였고 많은 군중을 헤집고 나온 회당장 야이로가 예수님 앞에 간청한다. 자신의 딸이 죽어가고 있으니, 집으로 오셔서 딸을 살려달라는 간곡한 요청이었다. 예수님은 즉시 설교를 중단하시고 야이로의 집으로 향하신다.

그런데 그 다급한 순간에 열두 해 혈루증을 앓던 여인이 예수님의 옷자락을 만지게 되고 그 여인은 즉시로 병이 낫는다. 야이로의 입장에서 보면 야이로의 집으로 향하던 예수님의 걸음이 이 여인으로 말미암아 지체된 것이다. 딸의 목숨이 경각에 달려 있으니 너무 안타깝고, 어쩌면 자신의 딸에게 예비된 치유의 은혜를 중간에서 도둑맞은 느낌이 아니었을까?

걸음을 멈추신 예수님께서 제자들에게 물었다.

누가 내 옷에 손을 대었느냐?

그러자 제자들이 말한다. "예수님, 여기 모인 수많은 무리가 떠밀고 있습니다. 예수님을 다 만졌습니다. 그래서 누가 손을 대었는지 찾아낼 수가 없습니다." 그러나 예수님은 전혀 물러서지 않으신다.

아니다. 내 몸에 손을 댄 자가 있다. 내 능력이 나갔다.

야이로의 집으로 향하는 여정 중에 수많은 군중들이 예수님을 만졌으나 오직 혈루증을 앓던 여인의 믿음의 손길만이 예수님으로부터 치유의 능력을 뽑아냈다.

예수님을 만진다고 낫는 것이 아니다. 기도한다고 다 낫는 것이 아니다. 믿음으로 기도해야 낫는다. 그분의 옷에 손만 대어도 나을 것이라는 여인의 믿음 때문에 예수님의 능력이 나간 것이다.

그런데 아뿔사, 그 사이 야이로의 딸이 죽었다는 소식이 전해진다. 야이로는 심장이 타들어간다. 모든 것이 끝났다. 더 이상 소망이 없다. 중간에 은혜를 가로챈 혈루증 여인이 한없이 밉기만 하다. 그런데 예수님께서 야이로에게 이렇게 말씀하신다.

예수께서 그 하는 말을 곁에서 들으시고 회당장에게 이르시되 두려워하지 말고 믿기만 하라 하시고 막 5:36

두려워하지 말고 믿기만 하라

이 말씀은 예수님이 혈루증이 나은 여인에게 하신 말씀이 아니라 회당장 야이로에게 하신 말씀이다. 이 말씀은 바로 이런 말씀이다.

야이로야! 괜찮다.
낙망할 것 없다. 포기하지 말아라. 아직 안 끝났다.
지금 혈루증 앓던 여인이 믿음으로 나은 것을 봤지?
이 여인이 믿음으로 치유된 것을 봤지?
그래, 바로 믿음이야, 믿음.
너도 이 믿음을 가져야 한다.

두려워 말고 믿으면 네 딸이 살아날 것이다.

그리고 야이로와 함께 집으로 가서 "달리다굼"(소녀야, 일어나거라)이라는 한마디 말씀으로 그의 딸을 즉시 살려내신다.

예수님은 오늘도 소중한 예배자 한 사람을 찾으신다

회당장 야이로의 딸과 혈루증 여인이 치유받은 사건 이후 놀라운 치유의 비밀이 풀어진 결과에 대해 마가는 이렇게 기록하고 있다.

아무데나 예수께서 들어가시는 지방이나 도시나 마을에서 병자를 시장에 두고 예수께 그의 옷 가에라도 손을 대게 하시기를 간구하니 손을 대는 자는 다 성함을 얻으니라 막 6:56

즉, 혈루증 여인이 예수님의 옷자락에 믿음으로 손을 대어 병이 나은 그 시기를 기점으로 치유가 일어나는 통로가 새롭게 열렸는데, 바로 예수님이 지나가실 때 믿음을 가지고 예수님을 만진 사람은 모두 나음을 받았다는 기록이다.

한 사람의 믿음을 통해 하늘의 문이 열리고 표적과 치유가 일어나면, 그 사건은 그 한 사람에게만 머물고 마는 사건으로 끝나지 않는다. 그 사람이 통로가 되어 새로운 하나님의 역사가 일어나게 된다. 한 사람에게 일어난 하나님의 기적은 다른 사람에게 믿음을 촉발시켜 다른 사람에게도 동일한, 아니 그 이상의 역사가 일어나는 기적의 촉매제가 된다.

예배자 한 사람의 믿음이 이래서 중요하다. 예배자 한 사람의 예배가 회복되면, 그 사람의 예배를 통해 다른 사람에게도 예배의 문이 열린다. 예배자 한 사람을 통해 임하신 하나님의 임재가 그 시간과 장소에 새바람을 일으킨다. 일순간 그 공간에 공기의 흐름을 바꾼다. 예수님은 오늘 지금 예배드리고 있는 나의 믿음을 통해 일하고 싶어 하신다. 그래서 예배자 한 사람이 제일 소중하다.

예배자 한 사람이 가장 가치롭다.
예배자 한 사람이 가장 아름답다.
예배자 한 사람이 가장 사랑스럽다.

하나님은 그런 소중한 예배자 한 사람을 오늘도 준비하고 계신다. 하나님은 그런 소중한 예배자 한 사람인 당신을 오늘 찾고 계신다.

거듭나지 못한 니고데모

예배의 기초는 '거듭남'이다. 거듭나지 못한 사람은 예배자가 될 수 없다. 요한복음 3장에는 한밤중에 예수님을 찾아온 니고데모와의 대화가 기록되어 있는데, 그 핵심 주제가 '거듭남'이다.

그런데 바리새인 중에 니고데모라 하는 사람이 있으니 유대인의 지도자라 그가 밤에 예수께 와서 이르되 랍비여 우리가 당신은 하나님께로부터 오신 선생인 줄 아나이다 하나님이 함께 하시지 아니하시면 당신이 행하시는 이 표적을 아무도 할 수 없음이니이다
요 3:1-2

첫째, 니고데모는 바리새인이었다. 바리새란 "거룩한, 구별된, 분리된"이라는 뜻으로, 바리새인은 매우 높은 수준의 엄격한 율법 준수를 강조하는 경건주의자들을 말한다. 바리새인이 되려면 엄격한 신앙과 행위에 모범을 보여야 하는데, 구약성경을 통째로 암송할 수 있어야 하고, 안식일 규례와 십일조 생활, 헌금 생활을 철저히 지키며, 매일, 일주일 내내, 일 년 365일 하루 세 번 기도해야 하고, 이레에 두 번씩 금식하며 평생 살아야 한다. 이런 철저한 헌신 때문에 바리새인들은 스스로 믿음에 대한 자부심이 엄청났고, 다른 사람들로부터도 존경받고 인정받

는 신앙 모범생들이었다.

둘째, 니고데모는 유대인의 지도자였다. 이 말은, 당시 유대의 최고 의회 기관인 산헤드린의 공의원, 즉, 지금으로 하면 국회의원 정도의 국가 고위 공직자라는 말이다. 산헤드린 공회 의원들은 이스라엘을 대표하는 약 70명의 최고 위원들로 모든 정치, 경제, 사회, 교육, 종교에 관한 법적 결정과 집행과 행정과 관리를 총괄하는 가장 강력한 기관이었다. 그러니까 니고데모는 당시 이스라엘 최고 고위 공직자이며 막강한 권력자였다.

셋째, 니고데모는 이스라엘의 선생이었다. '선생'이란 호칭은 당시 이스라엘 명칭으로 하면 랍비, 지금 시대로 말하면 최고 학부의 대학교수로서 니고데모가 당대 최고의 학문과 지성을 겸비한 지성인이며 전문가였음을 뜻한다.

넷째, 니고데모는 넉넉한 부자였을 것으로 추정된다. 예수님께서 십자가에 돌아가신 후 예수님의 시신을 수습해야 하는 상황에서 니고데모가 다음과 같이 등장한다.

> 일찍이 예수께 밤에 찾아왔던 니고데모도 몰약과 침향 섞은 것을 백 리트라쯤 가지고 온지라 요 19:39

니고데모가 예수님의 장례식에 몰약 100리트라를 사용하였다. 몰약 100리트라는 몰약 100근, 60킬로그램 정도의 양인데, 당시 노동자의 150년 치 봉급과 맞먹는 액수라고 한다. 이것이 당시 로마 황제가 죽었을 때 준비하는 몰약의 양이라고 하니 니고데모의 재력이 재벌가 수준의 최상위 계층이었음을 짐작할 수 있다.

정리해보면, 니고데모는 율법을 철저히 지킨 경건한 바리새인이었고, 국가 최고 권력 기관인 산헤드린 공회 의원이며, 최고의 지성과 학문적 소양을 겸비한 엘리트 중의 엘리트였으며, 최상류층 부자이면서 인생의 경험과 경륜이 쌓인 나이 지긋한 어른이었다.

누가 봐도 다 가진 사람이다. 누가 봐도 아쉬울 것이 없는 인생이다. 사회적으로, 재정적으로 성공한 인생, 부러운 인생, 존경받는 인생을 산 사람이다. 그런데 그런 니고데모가 한밤중에, 그것도 30대 초반의 청년 예수를 몰래 찾아온 것이다.

거듭나야 예배할 수 있다

예수님은 니고데모를 만나자마자 예리한 말씀을 던지며 기선 제압에 나섰다.

예수께서 대답하여 이르시되 진실로 진실로 네게 이르노니 사람이 거듭나지 아니하면 하나님의 나라를 볼 수 없느니라 요 3:3

여기에 아주 중요한 개념 두 가지가 등장한다. 하나는 '거듭남'이고 하나는 '하나님의 나라'이다. 반드시 거듭나야만 하나님나라에 들어갈 수 있다. 하나님의 나라, 하나님의 비전, 예수님의 꿈, 교회인 하나님나라를 이루기 위해서 반드시 거쳐야 할 과정이 '거듭남'이다. '거듭남'은 복음의 핵심 요소이자 핵심 가치이다.

그러나 당대 최고 유대인의 지성 니고데모는 이 말씀을 전혀 알아듣지 못한다. "예수님, 거듭난다는 말이 무슨 말씀이지요? 사람이 어떻게 다시 태어날 수 있나요? 엄마 뱃속에 들어갔다가 다시 나와야 합니까?" 성경에 대한 해박한 지식을 가지고 있고, 삶으로 율법을 철저히 실천하는 경건한 바리새인이었음에도 불구하고 니고데모는 예수님의 말씀을 전혀 이해하지 못한다. 예수님은 영적인 말씀을 풀어주고 계신데 반해, 니고데모는 육의 관점으로 말씀을 받기 때문이다. 합리적, 지성적, 논리적, 객관적 시각으로 말씀을 분석하며 접근한다.

우리는 니고데모를 통해 먼저 한 가지를 배우게 된다. 아무리 공부를 많이 하고, 성경 지식이 뛰어나고, 율법과 행위의 최고 경지에 오른 지성적 종교인이라 할지라도 믿음의 세계, 영의 세계가 열리지 않으면, 예수님의 말씀을 전혀 이해할 수 없다는 것을 말이다.

성경은 누구나 읽을 수 있다. 예배는 누구나 참석할 수 있다. 설교는 누구나 들을 수 있다. 그러나 성령의 임재가 없으면 말씀이 들리지 않는다. 말씀을 열 수가 없다. 가슴이 뜨거워지지 못한다. 성령의 불같은 임재를 체험할 수 없다. 영이 깨어나고 살아나지 못한다. 하나님의 임재와 영광과 충만함 가운데서만 누릴 수 있는 안식과 평안이 없다. 하나님나라의 비밀은 믿음의 눈이 열리고, 영의 귀가 열릴 때 깨달아지는 신기하고도 알 수 없는 공개된 비밀이다.

거듭난 예배를 드릴 수 있는 거듭난 사람

거듭남이란 "위로부터, 완전히 다시, 새롭게 탄생한다"는 뜻이다. 첫 번째 탄생이 이 땅에서의 육체적인 탄생이라면, 두 번째 탄생은 위로부터, 하늘로부터 다시 태어나는 새로운 탄생이다. 거듭남은 그 탄생의 기원 자체가 다르기 때문에 거듭남의 방법 역시 오직 하늘의 방법을 통해서만 가능하다. 인간의 성실한 노력, 꾸준한 열심, 지독한 버티기로는 절대 불가능하다. 하늘이 허락하고, 하늘문이 열리고, 하늘나라가 임해야만 가능한 일이다.

그런데 문제가 있다. 하늘의 영역, 하늘의 것, 보이지 않는 세계는 이성과 경험을 초월하는 영역이기 때문에 그 개념 설명이 쉽지 않다. 알 것 같기도 하고 모를 것 같기도 하다. 설명을 하는데 설명만으로 충분하지 않다. 그래서 지식이 아니라 믿음이 필요하다. 이해와 논리가 아니라 믿음이다. 육의 영역이 아니라 영의 영역이며, 인간의 통제 능력 밖의 영역이다. 내 노력의 범위, 내 지식의 범위, 내 모든 인맥과 인과 관계, 물리, 화학, 수학, 의학과 통계의 영역을 훨씬 벗어난 이해 불가, 측량 불가의 영역이다.

거듭난 사람과 거듭나지 않은 사람의 결정적 차이는 '예배'에 있다. 거듭난 사람이 드리는 예배가 바로 '영과 진리의 예배'다. 거듭난 사람이 드리는 예배가 '새 하늘과 새 땅이 열리는 예배'다.

진짜 예수님을 만나면, 예수님의 강력한 생명의 빛 앞에 내 영혼이 고꾸라진다. 그래서 간혹 예배드리다가 쓰러지거나 넘어지는 분들이 생기기도 한다. 내 안에 옛 사람이 완전히 죽어버린다. 전혀 다른 새 사람으로 다시 태어난다. 내가 알던 나인데 내가 아니다. 완전히 변했다. 거듭남을 통해 완전히 변하여 새 사람이 되었다.

내가 변하니 내가 바라보던 세상도 완전히 달라 보이기 시작한다. 작은 길가의 꽃, 신선한 바람, 매일 어김없이 떠오르는 태양, 매일 간절히 기도하지 않았는데도 여전히 성실하게, 꾸준히, 일정하게 뛰어주고 있는 내 심장, 내 허파, 그리고 내가 사랑하는 소중한 사람들이 완전히 새롭고 다르게 보인다.

거듭남을 통해 다시 태어난 사람은 눈에 보이는 모든 것이 새롭다. 당연하다. 다시 태어나 새로운 피조물이 되었으니, 이전의 관점이 모두 뒤집어졌다. 모든 것이 아름답다. 모든 것이 신비하다. 모든 것이 감사하다.

하나님의 말씀이 말씀으로 내 귀에 들리기 시작한다. 말씀이 내 심중에 새겨지기 시작하면서 점점 쌓여간다. 처음 듣는 찬양에도 가슴이 뭉클해지고 코끝이 찡해 오면서, 자꾸 눈물이 난다. 거듭난 사람들에게만 부어주시는, 하늘의 은혜가 임하기 때문이다.

육으로 난 것은 육이요 영으로 난 것은 영이다

육으로 난 것은 육이요 영으로 난 것은 영이니 내가 네게 거듭나야 하겠다 하는 말을 놀랍게 여기지 말라 요 3:6–7

개는 개를 낳고, 고양이는 고양이를 낳으며, 사람은 사람을 낳는다. 개가 고양이를 낳는 법은 없다. 고양이는 절대 사람을 낳을 수 없다. 누구나 아는 당연한 자연법칙이자 시대를 초월한 절대적 진리이다.

죄인은 죄인을 낳는다. 상처는 상처를 낳는다. 육체의 타락한 본성은 절대 영적 세계에 도달할 수 없다. 죄인은 아무리 노력해도 죄인이다. 아무리 똑똑해도, 아무리 성실해도, 아무리 착한 일을 많이 해도 죄인은 죄인이다.

육의 지배를 받고 사는 모든 인간 안에는 두려움이 있다. 누구에게나 예외 없이 두려움, 염려, 불안이 있다. 이 3종 세트는 공부 잘한다고 사라지지 않는다. 위대한 성공을 하고 유명한 성취를 이룬다고 해서 사라지는 것이 아니다. 고액 연봉을 받고, 넓은 평수의 아파트에 산다고 사라지는 것도 아니다. 육은 아무리 노력해보았자 육이다. 아무리 맛있는 것을 먹어도, 아무리 많이 가져도, 아무리 채우고 또 채워도, 아무리 높이 오르고 또 올라도 목마르고 또 목마르다. 끝없이 목마르다.

영으로 난 것이 영이다. 영의 세계는 하늘의 힘, 성령, 거룩한 영, 강력한 생명의 영의 힘으로만 갈 수 있다. 공부 못해도 갈 수 있다. 가난해도 갈 수 있다. 장애인들도 갈 수 있다. 믿음만 있으면 누구든지 갈 수 있다. 성령의 임재를 경험하면 누구든지 간다.

이 세상에 바람이 존재하는가? 물론이다. 존재한다. 그런데 바람은 볼 수가 없다. 바람은 현상을 통해서만 확인할 수 있다. 옷자락이 펄럭이고, 깃발이 흔들리면 바람의 세기, 방향을 알 수 있다. 바람이 불고 있다는 분명한 사실은 확인할 수 있는데, 그 바람이 어디서부터 불어와서 어디를 향해 가는지는 알 수 없다. 그야말로 자기 마음대로, 임의로 분다.

예배에 임재하시는 성령님은 바람같이 등장하신다. 실체가 있다. 존재가 있다. 느낄 수도 있다. 그런데 설명할 수도 없고, 그 방향을 가늠할 수가 없다. 성령을 받으면 사람들의 영과 성품과 인격과 행동이 변화된다. "아, 저 사람, 믿음이 있구나". "아, 저 사람, 교회 다니더니 저렇게 바뀌었구나!" 성령님을 만나면 권능이 부어지고, 은사가 나타나고, 성령님의 열매가 맺혀진다. 그래서 알게 된다. "아, 성령님이 역사하셨구나. 저 사람이 성령을 받았구나. 거듭났구나."

그런데 성령님께서 언제부터 어디서 오셔서 어떻게 역사하셨는지 도무지 알 수가 없다. 분명 경험했다. 예배 안에서 뜨거움을 체험했다. 그러나 언제 어떻게 역사하셨는지 알 수 없다. 설명이 안 된다. 왜 하필 나이고, 왜 하필 그 때이고, 왜 그런 느낌을 주고 가셨는지 도무지 알 수가 없다. 해석이 안 된다.

찬양할 때 눈물이 흐르는 이유를 알 수가 없다. 속 깊은 곳으로부터 벅차오르는 감동을 설명할 길이 없다. 불평불만과 분노가 가득해서 폭발 직전이었는데 갑자기 분노가 누그러진다. 이상하고 생소하며 낯설지만 불편하지 않은 감사가 올라오고, 회개가 고백되며, 말씀이 믿어지고, 기쁨이 솟아나고 행복이 가득한데, 도무지 그 이유를 설명할 수가 없다.

예수님 앞에 계속 머물러라

예수님의 거듭남에 대한 말씀에 니고데모는 여전히 알아듣지 못한다. 대화는 계속 평행선이며 전혀 진전이 없다. 그런데 여기에 한 가지 분명히 배울 점이 있다. 니고데모가 포기하지 않고 계속 예수님 앞에 머물며 질문을 이어간다는 점이다.

니고데모가 대답하여 이르되 어찌 그러한 일이 있을 수 있나이까 예수께서 그에게 대답하여 이르시되 너는 이스라엘의 선생으로서 이러한 것들을 알지 못하느냐 요 3:9-10

만남의 시작과 대화의 포문은 니고데모가 열었지만 니고데모는 첫마디부터 예수님께 완전히 제압당한다. '거듭남'이라는 단어로 평생 그가 쌓아올린 공든 탑이 와르르 무너져 내린다. 체면이 말이 아니다. 예수님께서는 "너는 이스라엘의 선생으로서 이러한 것들을 알지 못하느냐?"라고 말씀하시며 대놓고 호되게 야단치신다. 이런 개망신이 어디 있는가?

그래서 일부러 몰래 한밤중에 예수님을 독대하러 찾아왔는데, 새파랗게 젊은 예수님에게 꾸지람을 받는다. 충분히 자존심이 상할 만하다. 입이 바싹 마르고, 속이 타들어갔을 것이다. 그렇지만 니고데모는 화가 나서 문을 박차고 나가지 않았다. 인내심의 한계를 느껴 분노를 폭발시키며 논쟁을 벌이지도 않는다.

니고데모는 여전히 계속 예수님 앞에 머물러 있다. 아니, 전혀 물러날 생각이 없어 보인다. 당황스러우면 당황스러울수록, 망신을 당하면 당할수록 더욱더 예수님 앞으로 나아가며 집중해 본다. 예수님의 말씀을 받아내보려고 안간힘을 쓴다. 나는 바로 이 점이 니고데모의 인생에 가장 소중한 터닝 포인트라고 믿는다.

니고데모는 식은땀을 흘리며 초조해하면서도 여전히 예수님과의 만남, 즉 '예배'를 포기하지 않는다. 예수님과 대화할수록 점점 더 예수님에게 빨려들어간다. 예수님 역시 니고데모를 거절하지 않으신다. 야단도 꾸지람도 책망도 하시지만 니고데모를 쫓아 보내실 생각은 전혀 없다. 오히려 그 대화를 즐기시며,

니고데모의 한 걸음 한 걸음을 인도해주고 계신다.

예수님과 대화를 나누는 순간마다 니고데모의 믿음이 쑥쑥 자란다. 영원한 생명 그 자체이시며 크고 위대하신 예수님 앞에, 작은 죄인 니고데모가 계속 버티고 섰으니, 어찌 변화가 없을 수 있을까? 우주의 먼지보다도 더 작고 초라한 한 인간이 우주의 창조주 하나님을 만났는데, 어찌 변화가 없을 수 있을까?

예배의 가장 중요한 첫 번째 원리가 바로 이것이다. 그냥 계속 꾸준히 예수님 앞에 머물러 있는 것, 거듭나지 못했어도, 믿음이 없어도, 이해되지 않아도, 망신을 당해도, 계속 예수님 앞에 머물러 있어야 한다. 내 생각과 달라도, 내 경험과 달라도, 이해하지 못해도, 납득이 되지 않아도, 계속 질문하면서 예수님 앞에 머물러 있어야 한다.

예배를 멈추지 말아야 한다. 말씀을 놓치지 말아야 한다. 기도를 멈추지 말아야 한다. 모든 상황 속에서 나의 시선을 계속 예수님께 맞추려고 노력해야 한다. 그러다보면 어느새 된다. 예수 그리스도 앞에 계속 머물러 있다보면 어느새 하늘문이 열리고, 영의 세계가 열리며, 믿음이 쑥 들어온다. 기대하지 않았던 어느 순간, 갑자기 하늘문이 열리고, 성령의 임재가 임하며 거듭남의 예배자로 변화되는 바로 그 날이 오게 된다.

09

예배가 회복된 여인의 이야기

치유, 회복, 예배가 있는 요한복음 4장

만약 누군가 나에게 성경 66권 중에서 가장 좋아하는 성경이 어디냐고 묻는다면, 나는 주저 없이 요한복음 4장이라고 대답할 것이다. 요한복음 4장에는 이 땅을 살아가는 모든 사람들에게 꼭 필요한 3가지 핵심 주제인 '치유'와 '회복'과 '예배'가 담겨 있다. 이 세 가지가 마치 종합선물 세트처럼 요한복음 4장 안에 모두 있다.

사마리아의 위치는 갈릴리와 유대 사이이다. 유대인들과 사마리아 사람들은 역사적인 이유로 사이가 몹시 안 좋다. 그래서 유대 사람이 갈릴리로 가려고 할 때 사마리아를 통과하면 빨리 갈 수 있는데도 먼 거리를 돌아갔다. 그런데 예수님은 유대인들이 꺼리던 사마리아 땅을 일부러 걸어가신다. 이유는 단 하나, 수가성 우물가의 여인을 만나기 위함이다.

여인이 가진 상처와 문제점들

1. 외로움

예수님은 사마리아 수가성 우물가에 나타난 한 여인에게 다가가 물을 좀 달라고 말을 건네신다. 예수님께서 이 여인을 만나주시기 위해 온 첫 번째 목적은 이 여인의 외로움 때문이었다.

> 사마리아 여자 한 사람이 물을 길으러 왔으매 예수께서 물을 좀 달라 하시니 요 4:7

당시 유대 지역에서 우물이란 우리의 사랑방, 요즘 같으면 맛집 카페 같은 곳이다. 마을 사람들이 와서 물을 긷고, 빨래도 하고, 가족 이야기, 자녀 이야기, 동네 이야기, 세상 이야기를 하며 정과 사랑을 나누는 교제의 현장이었다. 하지만 여인이 우물가에 나타난 것은 중동의 태양이 가장 뜨거운 정오 시간으로 기온이 섭씨 50도나 되어 아무도 물을 길러 오지 않는 시간대다. 성경 본문에도 정확히 "여자 한 사람"이라고 적혀 있다.

우물 물을 긷는 사람이 아무도 없는 시간대에 나타난 여자 한 사람. 여기서 느껴지는 느낌이 바로 외로움이다. 그것도 아주 혹독한 외로움이다.

2009년 9월 부천 온누리교회에서 사역하다가 갑자기 캐나다 벤쿠버 온누리교회로 가서 사역하라는 하용조 목사님의 목회 명령을 받고, 온 가족이 부리나케 준비해서 한 달 만에 벤쿠버에 도착했다.

순종하여 도착해보니 교회 이름은 온누리교회요, 출석 교인이 1,000명이 넘는 큰 이민 교회인데, 나는 아는 사람이 단 한 명도 없었다. 완전히 낯선 땅, 낯선 곳, 생면부지 낯선 교회에 부임해온 것이다. 거주할 집을 계약하지 못해 교회 측에서 마련해준 숙소에서 첫 날 잠을 자는데, 시차 때문인지 낯설어서인지 뒤척이다 잠이 들었고 묘한 꿈을 꾸었다.

망망한 바다 위에 홀로 떠 있는 작은 외딴 섬, 그 섬에 어린아이 하나가 땅에 주저앉아 무릎을 감싸안고 훌쩍훌쩍 울고 있다. 아이는 이렇게 칭얼거렸다. "엄마, 엄마, 엄마 보고 싶어. 나 너무 힘들어." 그런데 그 아이가 바로 '나'라는 것을 깨닫자마자 화들짝 잠에서 깼다.

40대 초반, 한 번도 가보지 않은 낯선 땅에 갑작스레 이민을 온 첫날 밤, 엄마를 찾는 외딴 섬에 고립된 아이의 꿈을 통해 나는 지금까지 살면서 단 한 번도 느껴보지 못한 지독한 고독과 공포스러울 정도의 외로움을 느꼈다.

물론 가족이 함께 왔고, 아직 서로 잘 모르지만 우리를 맞이해주는 따뜻한 밴쿠버 온누리교회 성도들이 있다. 그런데도 물밀듯이 밀려드는 지독한 외로움과 고독의 두려움은 피할 길이 없었다.

'아, 외롭다. 지독하게 외롭고 두렵다.'

예수님은 아마 외로운 사람들의 고독과 고통을 다 알고 계신 듯하다. 혼자일 수밖에 없어 무거운 짐을 홀로 지고 살아가야 하는 우물가의 여인에게 다가가 먼저 말을 건네주신다.

물을 좀 달라

주님은 정말 좋으신 분이다. 외롭고 상처 난 사람의 특징 중 하나가 다른 사람에게 먼저 다가가지 못한다는 점이다. 거절감 때문이다. 또 거절당할지 모르는 두려움 때문이다. 말을 건네고 싶지만 상대가 어떻게 나올지가 더 염려된다. 그래서 차라리 시도를 하지 않는다. 괜히 말 걸었다가 무시당하거나 핀잔을 들으면 그렇지 않아도 외로운데 더 깊은 상처가 날 수 있기 때문이다.

2. 폐쇄

예수님은 상처난 외로운 여인에게 다가가 먼저 말을 걸어주신다. 그런데 그 대화의 주제가 '물'이다. 예수님은 여인에게 물을 좀 달라고 청하셨다. 여인에게 말을 걸어주시는 예수님의 음성이 얼마나 부드럽고 따뜻했을까? 여인은 주님의 첫 마디에 놀라면서도 동시에 반가웠을 것이다. 그렇지만 여인은 예수님에게 친절하게 반응하지 못한다.

> 사마리아 여자가 이르되 당신은 유대인으로서 어찌하여 사마리아 여자인 나에게 물을 달라 하나이까 하니 이는 유대인이 사마리아인과 상종하지 아니함이러라 요 4:9

이 여인은 외로움의 단계를 넘어선 '자기 폐쇄', 즉, 자폐적 반응을 보인다. 너무 혼자 오래 있다보니, 낯선 남자가 말을 건네자마자 초비상 경계 태세로 전환된 것이다. 자기 방어 본능이 올라와 여인 쪽에서 먼저 문을 걸어 잠그는 폐쇄 경향을 보인다.

자기 폐쇄 단계에 도달한 사람들의 특징은 사람들을 피해 몰래 숨어다니는 것이다. 아무도 물을 긷지 않는 시간대를 골라 우물가에 온 것은 혼자이기 때문에 상처받을 일이 없기 때문이다. 혼자이기 때문에 싸울 일도 없다. 혼자이기 때문에 경쟁할 필요도 없다. 혼자가 편하다. 혼자가 익숙하다. 혼자 있을 때 가장 자유롭다. 외부적으로 문을 굳게 걸어 잠그고 혼자만의 세상 속에 빠져들며 고립된 폐쇄의 인생을 살아간다.

3. 원망

이 여인이 가진 세 번째 상처는 '원망'이다. 이 여인 안에는 수많은 원망과 대상을 알 수 없는 섭섭함이 있었다. 예를 들면 이런 것들이다. "나는 유대인으로 태어났어야 했다. 사마리아 사람인 것이 부끄럽다", "나는 남자로 태어났어야 했다. 여자인 것이 창피하다", "나는 좀 더 여유 있는 가정에서 태어났어야 했다. 가난이 서럽고 아프다." 여인 안에 이런 원망이 자리 잡고 있었다.

전지전능하신 하나님은 충분히 그렇게 하실 수 있는 분이건만 내게 그런 복과 은혜를 주시지 않았다는 원망, 출신, 성별, 가족, 배우자, 건강, 자신에게 주어진 그 어느 것도 마음에 들지 않는다. 여인의 내면 안에는 열등감과 원망과 불평이 가득하다. 온통 억울한 것들뿐이다. 동시에 자신이 원하고 바라는 것들을 이미 가지고 누리고 있는 사람들을 볼 때마다 화가 난다. 남 잘되었다는 이야기를 들으면 분노가 치민다.

'내가 바로 저런 넉넉한 가정에서 태어났어야 했는데… 저런 얼굴, 저런 건강을 가진 사람으로, 저런 탁월한 재능과 능력이 있어야만 했는데….' 그러나 비교할수록 초라해지고, 비참해지고, 화가 난다.

4. 방향성 상실

여인이 가진 깊은 상처는 인생의 방향성을 상실한 것이다. 자신의 삶에서 길을 잃었다. 방향을 잃었다. 하지만 이런 방황이 찾아온 것은 게으름 때문이 아니다. 오히려 반대로 너무 열심히 살다가 길을 잃었다. 너무 치열하게 최선을 다해 살다가 방향을 잃었다.

요한복음 4장에는 여인이 얼마나 치열하게 열심히 살았는지에 대한 결정적인 단서가 나온다. 예수님의 말씀에 따르면, 여인은 이미 결혼을 다섯 번이나 했고, 지금 여섯 번째 남편과 살고 있다. 결혼은 몇 번 해야 행복할까? 당연히 한 번이다. 결혼은 한 번 해야 행복하다. 결혼을 두 번이나 그 이상 반복하면 비참하고 복잡해진다. 그러나 현대에는 여러 가지 이유로 이혼을 결심하는 커플들이 많다. 이혼에 대해 점점 관대해지고 있다.

좋다. 한 번 정도의 이혼은 충분히 이해할 수도 있다. 그래서 재혼을 했다. 그런데 재혼 역시 실패하면 어떻게 해야 할까? 재혼의 실패를 감당할 각오가 된 사람은 많지 않다. 재혼에 실패한 여성이 또다시 세 번째 결혼에 도전하는 일은 상상 이상의 용기와 결단이 필요하다. 오랜 고심 끝에 용기를 내어 세 번째 결혼에 도전했는데 만약 세 번째 결혼 역시 위기를 맞는다면? 나 같으면 포기할 것 같다. 다시는 결혼하지 않고 혼자 살 것 같다.

그렇지만 이 여인은 포기하지 않는다. 세 번 결혼에 실패한 여인은 네 번, 다섯 번을 넘어 지금 여섯 번째 도전 중이다. 본문에 등장하는 여인은 절망과 포기를 모르는 집념과 의지의 여인이다. 그러나 더 큰 문제가 남아 있다. 용감한 여섯 번째 결혼에도 여인에게 앞길이 전혀 보이지 않는다는 점이다. 지금 하고 있는 결혼 역시 자신이 없다. 여기까지 이를 악물고 겨우 버텨왔다. 치열하게 살아냈다. 그런데 확신이 없다. 또 언제 깨질지 모르는 질그릇 같은 결혼이다.

하지만 그래도 할 수 없다. 다른 대안이나 선택의 여지가 없다. 이 상태가 방황이다. 인생의 길을 잃은 상태, 지금 어디에 서 있는지 모르고, 앞으로 어디를 향해 나아가야 할지 전혀 모르는 상실의 한복판에 여인은 서 있다.

5. 도움 네트워크 결핍

여인의 더 큰 위기는 위기에 필요한 도움이 없는 것이다. 아픈데 약이 없다. 더 심각하다. 병원에 갔는데 의사가 없다. 더 더 큰 문제다. 의사로부터 진단은 받았는데 암 말기라서 치료할 수가 없다. 가장 큰 위기이다.

여인은 인생의 여러 가지 심각한 위기 상황에 직면해 있다. 위기 상황 그 자체도 이미 위험한 상태다. 하지만 이 여인의 더 큰 위기는 주변의 도움 네트워크가 전혀 없다는 점이다. 지금 이 여인의 곁에는 아무도 없다. 가족도 없고, 친구도 없다. 도움을 청할 교회나 목회자도 구역 식구도 직장도 없다. 여인은 철저히 버림받았고, 철저히 혼자이며, 성적으로 민족적으로 신분적으로 가정적으로 종교적으로 단절되어 있다.

겉보기에 멀쩡하게 아무렇지도 않은 듯이 살고 있다. 하지만 속은 썩어 들어간다. 만신창이가 되었다. 이러다 죽을 것 같고, 그렇게 살다가는 정말 죽을 수도 있다. 하지만 다른 사람이 보기에는 멀쩡해 보인다. 외부에서 볼 때는 아무 문제가 없어 보인다.

이 여인의 상처 속에 현대인들의 모습이 숨어 있다. 이 여인의 상처 속에 나의 모습이 있다. 과연 이 여인에게 희망이 있을까? 과연 이 여인에게 미래가 있을까?

예수님의 치유와 회복 프로세스

1. 먼저 찾아가기

여인의 인생을 변화시키기 위한 예수님의 첫 출발은 직접 찾아가서 먼저 말을 걸어주시는 것이었다.

> 사마리아 여자 한 사람이 물을 길으러 왔으매 예수께서 물을 좀 달라 하시니 요 4:7

예수님은 모든 문을 걸어 잠그고 꼭꼭 숨어서 인생의 벼랑 끝을 향해 가던 여인을 직접 찾아가신다. 그리고 만나주신다. 모든 유대인들이 피해서 돌아가는 땅, 버려진 땅, 포기한 땅 사마리아를 찾아가신다.

예수님은 내 인생의 사마리아 땅에도 찾아오신다. 예수님은 잘난 사람들이 많은 곳, 권세가 있는 곳, 사람들의 눈과 귀가 쏠리는 곳, 돈이 차고 넘쳐나는 곳에 가지 않으신다. 낮고 천한 곳으로 가신다. 외롭고, 상처 많고, 허물 많고, 실수투성이인 사람들, 앞이 안 보이고, 막막한 광야에서 고통받는 자들에게 찾아오신다.

예수님은 내가 가장 아프고 힘들어할 때, 가장 춥고 어두운 시기에, 모든 날개가 꺾여 처참하게 무너져내린 절체절명의 위기의 순간에 나를 찾아내시고, 내가 있는 자리로 달려오셔서 나를 만나주시는 분이다.

2. 말 걸어주기

예수님과 여인의 첫 대화는 "물을 좀 달라"로 시작된다. 이 대화를 기점으로 여인의 인생은 새로운 돌파가 시작된다. 오늘이 여인의 새로운 변화의 날이다. 지금부터 시작이다. 예수님이 여인을 찾아가셨으니, 여인이 가진 어제까지의 모든 실패, 절망, 우울, 좌절, 고통의 문제들과는 이제 안녕이다.

예수님이 함께하시면 어떤 질병도, 어떤 상처도, 어떤 어둠도, 어떤 절망도 문제가 되지 않는다. 못 고칠 질병, 회복되지 못할 상처, 극복하지 못할 절망은 없다. 아무리 복잡하게 꼬이고 엉킨 문제도 간단히 풀어진다. 아무리 깊은 아픔, 독한 상처, 강력한 트라우마, 강한 중독 성향이라 할지라도 예수님의 생명 앞에서 모두 소멸되고 사라진다.

감히 어떤 어둠이 예수님을 통한 이 여인의 변화를 막을 수 있을까? 감히 어떤 죄악과 질병과 고난이 예수님 앞에서 버텨낼까? 감히 어떤 실패가, 감히 어떤 불안과 염려와 두려움이 나를 괴롭힐 수 있겠는가? 예배를 통해 예수님을 만나는 오늘 나의 예배 현장은 예수님이 가장 강력히 내게 임하시고 역사하시는 순간임을 믿을 수 있다.

3. 깊은 대화

대화가 시작되자마자 여인은 점점 깊은 대화 속으로 빠져들어 간다.

> 사마리아 여자가 이르되 당신은 유대인으로서 어찌하여 사마리아 여자인 나에게 물을 달라 하나이까 하니 이는 유대인이 사마리아인과 상종하지 아니함이러라 요 4:9

여인은 아직 마음의 문이 열리지 않았고 의심과 경계가 심하다. 그렇지만 예수님과 대화를 이어가고 있다. 잘 모르겠지만, 예수님의 말씀에 빠져든다. 그러는 사이 예수님의 생명이 여인에게 조금씩 스며든다.

여인의 질문에 대한 예수님의 대답이 이어진다.

> 예수께서 대답하여 이르시되 네가 만일 하나님의 선물과 또 네게 물 좀 달라 하는 이가 누구인 줄 알았더라면 네가 그에게 구하였을 것이요 그가 생수를 네게 주었으리라 요 4:10

예수님의 대답을 통해 우리는 중요한 한 가지 진리를 배울 수 있다. 믿음이란 예수를 아는 지식이다. 물론 이 지식은 이론적 지식이 아니라 경험적 지식, 경험되고 체득된 지식이다. 음식을 맛보고, 여행을 가보고, 결혼해서 자녀를 낳아보고, 양육해 보고 경험해서 아는 실제 지식 말이다. 경험되고 체득된 지식은 사실 정확한 설명이나 표현이나 해석이 불가하다. 경험해봐야만 아는 지식이기 때문이다.

예수님과의 대화가 진행되면서 여인에게 새로운 변화가 시작된다.

> 여자가 이르되 주여 물 길을 그릇도 없고 이 우물은 깊은데 어디서 당신이 그 생수를 얻겠사옵나이까 우리 조상 야곱이 이 우물을 우리에게 주셨고 또 여기서 자기와 자기 아들들과 짐승이 다 마셨는데 당신이 야곱보다 더 크니이까 요 4:11-12

대화가 이어지면서 여인에게 몇 가지 변화가 일어나는데, 첫째는 여인이 예수님을 부르는 호칭이 갑자기 바뀐 것이다. 9절에서 여인은 "당신은 유대인으로서", 그러니까 '당신', '유대 남자'라는 호칭을 사용한다. 여기에는 내 인생에 끼어들지 말라는 거부와 거절의 마음이 담겨 있다. 그런데 11절에서는 "주여"라는 존칭이 나온다. '주여'라는 표현은 "선생님"이라는 의미로 신뢰와 존경이 담긴 표현이다. 여인은 예수님과 한마디만 주고받았을 뿐이다. 그런데 예수님에 대한 태도가 급격히 달라졌다.

여인의 또 다른 변화는 갑자기 말이 많아지고 질문이 많아졌다는 것이다. 여인은 대인기피증이 있는 사람이다. 사람 만나기를 거부하고 피했던 여인이었다. 그랬던 여인의 입에서 예수님을 향한 질문이 쏟아진다. "주님! 여기는 물길을 그릇도 없고, 이 우물은 굉장히 깊은데, 당신이 무슨 수로 생수를 구할 수 있습니까? 당신이 야곱보다 더 크신 분인가요?"

이 장면은 요한복음 3장에 등장한 니고데모를 연상시킨다. 니고데모 역시 사람이 거듭나야 하나님나라에 갈 수 있다는 예수님의 말씀을 듣자마자 질문을 쏟아냈다. 사람은 진리를 만나면 질문이 많아진다. 현자를 만나고, 석학을 만나고, 신을 만나고, 구원자를 만나면 질문이 많아진다. 하지만 여인의 질문과 니고데모의 질문에 담긴 공통점이 있다. 예수님은 계속 영적인 진리를 말씀하시고, 여인과 니고데모는 육적 질문을 이어간 것이다. 여인은 자신이 현실적으로 경험적으로 부닥친 절망적인 질문만 한다. 그러나 예수님은 여인의 질문에 대한 근본적인 해답을 제시하신다.

예수께서 대답하여 이르시되 이 물을 마시는 자마다 다시 목마르려니와 내가 주는 물을 마시는 자는 영원히 목마르지 아니하리니 내가 주는 물은 그 속에서 영생하도록 솟아나는 샘물이 되리라 요 4:13-14

예수님은 먼저 말씀하신다. "이 물을 마시는 자마다 다시 목마르게 된다." 이것 역시 요한복음 3장 6절에 등장하는 "육으로 난 것은 육이요 영으로 난 것은 영이니"라는 말씀과 일맥상통하는 말씀이다. 죄인은 아무리 열심히 살고, 아무리 잘 살아도 죄인이다. 땅의 물은 마시고 또 마셔도 다시 목마르다. 월세 살면 전세 살고 싶고, 전세 살면 집을 사고 싶다. 20평에 살면 30평에 살고 싶고, 30평에 살면 40평, 50평에서 살고 싶다. 드디어 50평 아파트를 사는 꿈이 실현되었다. 그렇다고 만족할까? 사람의 욕망은 끝이 없고, 만족함 역시 끝이 없다. 채워도 채워도 목마르고, 가져도 가져도 부족하고, 올라가고 올라가도 더 올라가고 싶다.

그러나 영적 샘물은 다르다.

내가 주는 물을 마시는 자는 영원히 목마르지 아니하리니 내가 주는 물은 그 속에서 영생하도록 솟아나는 샘물이 되리라 요 4:14

타는 목마름을 해소해주는 수준이 아니라, 솟구쳐서 치솟아 올라 넘쳐흐른다. 차고 넘치고 차고 넘친다. 우리의 믿음이 하늘 보좌를 열게 하는 믿음 수준에 이르면 하나님의 채우심이 시작되는데, 그 공급이 엄청나다. 솟아나는 샘물이 된다. 퍼내도 퍼내도 마르지 않는 샘이 된다. 문제가 풀어진다. 치유가 일어난다. 재정이 채워진다. 관계와 기쁨이 회복된다.

예수님의 말씀에 대한 여인의 반응과 태도는 매우 긍정적이고 적극적이다.

여자가 이르되 주여 그런 물을 내게 주사 목마르지도 않고 또 여기 물 길으러 오지도 않게 하옵소서 요 4:15

아주 중요한 여인의 태도의 변화 포인트가 등장한다. 처음 예수님에 대해 경계와 의심이 가득했던 태도는 사라지고, 예수님께 적극적으로 나아오고 있다. 여인은 만약 그런 물이 있다면 자신에게도 그런 물을 주어서 목마르지도 않고, 여기 물 길으러 오지 않도록 해달라고 간청한다.

지금 여인은 예수님 앞에서 갈망의 기도를 드리는 중이다. 뱃속 깊은 곳에서 터져나오는 목마름을 채우기 위한 애절하고도 간절한 갈망의 기도가 이미 시작되었다. 지금까지 너무 열심히 살았다. 여기까지 치열하게 앞만 보고 달려왔다. 그러나 여인은 열심히 살면 살수록 인생이 망가졌다. 최선을 다할수록 상처가 많아졌다. 자신 안에 답이 없다는 사실을 알았다. 자신의 영혼이 애타게 목마르다는 사실을 깨달았다. 그래서 다시는 목마르지 않는 생명수를 자신에게도 달라고 간절히 요청한다.

4. 가서 네 남편을 불러오라

여인의 애타는 간청에 대한 예수님의 대답은 충격적이었다.

"가서 네 남편을 불러오라."

무슨 뚱딴지같은 소리인가? 말씀의 주제가 왜 갑자기 엉뚱한 곳으로 튀는가? 방금까지 여인은 예수님과 목마른 영혼과 생수에 대해 진지하고 깊이 있는 영성의 대화를 이어가고 있었다. 그런데 이 신성하고 거룩한 대화에 찬물을 끼얹듯 예수님의 입에서 '남편'이라는 잔인한 단어가 튀어나왔다.

이 여인의 마음이 어땠을까? 거대한 쇠망치로 머리를 얻어맞은 것 같은 충격을 받았을 것이다. 남편의 문제야말로 여인의 가장 아픈 손가락이며 가장 감추고 싶은 수치이다. 남편이란 말만 들어도 경기가 난다. 다른 이야기는 다 해도 괜찮지만, 적어도 이 여인 앞에서 남편 이야기는 절대 금기이며, 대단한 무례이다. 여인이 절대 소화할 수 없는 부분이기 때문이다. 그런데 은혜와 사랑이 무한하시며 지혜가 무궁하신 예수님의 입에서 남편 이야기가 나왔고, 그것도 지금 당장 이 자리에 데려오라고 하신다.

예수님은 도대체 왜 남편을 불러오라고 했을까? 허물은 덮어주시고, 상처는 싸매주시는 것이 메시아의 역할이 아닐까? 예수님의 지혜로우심이 여기에 있다. 예수님께서 남편 이야기를 꺼내신 이유는 간단하다. 여인이 영원히 솟아나는 샘물을 달라고 요청했기 때문이다.

> 여자가 이르되 주여 그런 물을 내게 주사 목마르지도 않고 또 여기 물 길으러 오지도 않게 하옵소서 이르시되 가서 네 남편을 불러오라 요 4:15-16

여자가 생수를 요청했기 때문에 예수님은 샘물을 열어줄 첫 단계를 알려주신 것뿐이다.

여인아? 정말 목마르지 않는 생수를 원하느냐?
그렇다면 먼저 너의 아픈 상처를 치유해야 해.
인생에서 자꾸 너를 괴롭히고 넘어뜨리는
깊은 상처와 죄의 문제를 해결해야 해.

이 여인에게 남편의 문제는 깨진 바가지와 같다. 깨진 바가지로는 생수를 담을 수가 없다. 깨진 바가지로는 은혜를 담을 수 없다. 예수 믿는 믿음의 사람들이 다시 죄를 반복하는 이유는 죄와 상처라는 깨진 바가지가 봉합되지 않았기 때문이다.

예수님은 여인을 구원하시기 위해 여인을 평생 묶고 있는 남편이라는 상처 덩어리를 끊어주고 싶으셨다. 그래서 단호히 말씀하신다.

"가서, 네 남편을 불러오라! 너의 인생 가장 중심에서 가장 강력하게 너를 조종하고, 아프게 하고, 힘들게 하는 원인, 그 깊은 상처, 수치, 실패의 실체인 남편, 그 남편을 내 앞으로 데리고 오너라. 남편 문제가 해결되면 생수의 강이 흐르기 시작할 것이다."

그러나 여인은 '남편'이라는 단어에 소스라치게 놀라며, 남편이 없다고 부정한다.

> 여자가 대답하여 이르되 나는 남편이 없나이다 예수께서 이르시되 네가 남편이 없다 하는 말이 옳도다 너에게 남편 다섯이 있었고 지금 있는 자도 네 남편이 아니니 네 말이 참되도다 요 4:17-18

대화가 너무 잘 흐르고 있었는데, '남편'이라는 단어 때문에 본능적인 자기 방어 기제가 펼쳐지며 여인이 자신을 위장하고 감춘다.

"나는 남편이 없나이다."

여인의 말은 단호하고 냉정했다. 물론 거짓말이다. 부정이다. 부인이다. 강력한 거부다. 여인의 이 모습은 죄와 상처를 감추려는 죄인의 전형적인 모습이다. 부끄러움은 감추고 좋은 면만 보여주고 싶다. 잘한 점, 예쁜 점, 칭찬받을 만한 일만 드러내어 알리고 싶다.

하지만 여인도 이미 알고 있다. 거짓말로는 순간의 창피함은 피할 수 있지만 그것이 근본적인 해결책은 아니라는 것을 말이다. 남편이 없다고 말하면 있던 남편이 없어지는가? 내가 상처받지 않았다고 자신을 합리화하면 상처가 아물고 없어지는가? 전혀 그렇지 않다. 무의식 아래 꼭꼭 숨겨진 상처는 절대 가만히 있지 않는다. 상처는 여전히 시퍼렇게 살아 있다. 꿈틀거리며 진동한다. 그리고 결정적인 위기의 순간에 불쑥불쑥 튀어 올라와 내 인격을 파괴하고 가장 가까운 가족과 지인들을 다치게 한다. 믿음이 있으면 하나님이 일하시고, 상처가 많으면 죄가 일한다.

5. 네 말이 옳도다!

예수님께서는 여인을 평생 따라다니며 괴롭혔던 '남편'이라는 아픈 가시를 빼내려고 여인을 수술대에 올려놓으셨다. 하지만 여인은 강렬히 저항한다. 남편이 없다는 냉정한 한마디로 위기를 빠져나가려고 한다. 그런데 여인의 강력한 저항을 받으신 예수님께서 또다시 전혀 예측할 수 없는 이상한 말씀을 하신다.

> 여자가 대답하여 이르되 나는 남편이 없나이다 예수께서 이르시되 네가 남편이 없다 하는 말이 옳도다 너에게 남편 다섯이 있었고 지금 있는 자도 네 남편이 아니니 네 말이 참되도다 요 4:17-18

나는 여기서 예수님의 공감적 태도에 깊은 감동을 받았다. 예수님은 최고의 상담가이자 위로자이심이 분명하다. "그래, 네 말이 맞다. 네 말이 옳구나. 너에게 남편 다섯이 있었고, 지금 있는 자도 네 남편이 아니니 네 말이 맞다." 여인의 말이 맞다. 예수님의 말씀대로 정말 여인은 남편이 없었다. 사실, 남편이 너무 많았다. 너무 많았기 때문에 제대로 된 남편은 단 한 명도 없었다.

"그래, 네가 옳다. 네 말이 맞다. 네 말 안에 진실이 있구나. 참 열심히 살았구나. 참 고생이 많았구나. 정말 힘들게 살았겠

구나!" 오늘 예수님은 여인의 강력한 저항과 부정을 공감적 수용으로, 재적용으로 전환시킨다. 예수님은 여인이 살아온 험난한 삶을 과장하거나 축소하지 않으시고, 있는 모습 그대로 사실을 인정해주신다. 여인에게 남편이 이미 다섯 명이 있었고, 지금 있는 남자도 남편이 아닌 사실을 잔인할 만큼 정확하게 말씀하셨다.

만약 예수님께서 이 부분을 여인과의 대화 초반에 말씀하셨다면, 이 말은 고발이 되고 흉기가 되어 여인을 깊이 찌르는 가시가 되었을 것이다. 그런데 예수님은 먼저 '네가 하는 말이 옳다'고 공감해주심으로 두 사람의 대화를 전혀 다른 차원으로 승화시키신다.

예수님이 이렇게 말씀하셨기 때문에 여인이 지금까지 결혼을 여섯 번이나 한 것은 여인의 치명적인 약점, 상처, 쓴 뿌리가 아니라 여인이 얼마나 힘들고 어려운 시기를 견뎌왔는지, 얼마나 힘겹게 잘 버텨왔는지, 수없이 많은 좌절과 실패와 절망 속에서도 다시 일어나고 또 일어나며 애썼다고 하시는 위로와 칭찬의 메시지로 바뀌게 되는 것이다.

특히 마지막에 등장하는 "네 말이 참되도다"라는 말씀은 여인의 인생을 재해석해주는 화룡점정의 말씀이 되어 여인의 심중에 박힌다. 예수님의 따뜻한 이 한마디가, 여인의 쓰라린 수십

년의 인생 전체를 공감해주고, 재해석해주는 위로가 될 뿐만 아니라, 자신을 꽁꽁 묶고 있던 '남편'이라는 강력한 결박에서 완전히 풀려나게 했다.

이것이 영혼육을 관통하고 찔러 쪼개시는 말씀의 치유 능력이다. 그렇다면 정말 여인에게 치유가 일어났을까? 물론이다. 예수님과 대화를 이어가던 여인의 다음 대화를 들어보면 바로 알 수 있다.

> 여자가 이르되 주여 내가 보니 선지자로소이다 우리 조상들은 이 산에서 예배하였는데 당신들의 말은 예배할 곳이 예루살렘에 있다 하더이다 요 4:19-20

여인의 입에서 갑자기 '선지자'와 '예배'라는 영적인 단어가 튀어나온다. '남편'이라는 단어와 주제가 흔적도 없이 사라졌다. 남편으로 인한 상처와 콤플렉스, 남편이라는 주제가 주는 불편함이 자취를 감추었다. 공감과 위로와 인정을 받자마자 여인의 심중에 숨어 있던 영적 주제가 툭하고 올라온 것이다.

6. 여인의 단계적인 변화

예수님께서 여인에게 처음 말을 거실 때, 그 대화의 소재는

'물'이었다. 예수님이 '물' 이야기로 대화를 시작하신 이유는 여인이 '물'에 집중하고 있었기 때문이다. 여기서 '물'이란 여인에게 드러난 표면적인 증상이다. '물'은 여인에게 있어 현실적인 숙제이자 아주 절실한 그 날의 목표였다.

이렇게 물과 생수에 대해 이야기를 나누신 예수님께서 갑자기 '남편'이라는 거대한 상처로 접근하신다. '남편' 이야기는 '물'의 문제보다 훨씬 더 깊고 아픈 내면에 있는 주제이다. 여인의 심층 심리 속에 자리잡고 있던 깊은 상처, 관계의 허기진 부분을 건드리신 것이다.

여인은 물에 목마른 것처럼 보였으나 남편에게 목말랐고, 사람에게 목말랐었다. 여인은 사랑에 목말랐고, 인정에 목말랐으며, 안전에 목말랐고, 칭찬과 따뜻한 온정에 허기져 있었다. 남편을 여섯 번이나 바꿔가며, 그 목마름을 달래보려고 애썼지만, 목마름은 채워지지 못했다.

그런데 오늘 처음 자신을 만나주신 예수님께서 툭하고 던지신 "네 말이 참되도다"라는 한마디를 통해 자신의 모든 고생과 수고를 인정해주는 칭찬과 공감을 얻자마자 여인은 '선지자'와 '예배'라는 더 깊은 영적인 주제에 대한 갈망을 드러낸 것이다.

물의 문제인 것 같았는데, 결국 영적인 문제이다. 남편의 문제인 줄 알았는데 영적인 문제였다. 진로의 문제인 줄 알았는데 영적인 문제이다. 돈의 문제, 건강의 문제인 줄 알았는데 아니었다. 영적인 문제였다. 이제부터 주님은 본격적으로 여인의 영적 문제를 다루시는데, 영적 대화의 핵심 주제가 '예배'이다.

먼저, 예수님은 여인에게 예배의 타이밍에 대해 말씀해주신다.

> 우리 조상들은 이 산에서 예배하였는데 당신들의 말은 예배할 곳이 예루살렘에 있다 하더이다 예수께서 이르시되 여자여 내 말을 믿으라 이 산에서도 말고 예루살렘에서도 말고 너희가 아버지께 예배할 때가 이르리라 요 4:20-21

이제부터 예배 일타강사이신 예수님의 예배 핵심 정리가 시작된다. 예수님께서 예배에 대해 가장 먼저 말씀하신 주제는 '시기', 즉 '예배의 때'에 관한 말씀이었다.

예배에 대한 여자의 궁금증은 예배 장소에 대한 질문이었다. 참된 예배는 어디서 드리는 예배인가? 사마리아인가? 예루살렘인가? 한국인가? 미국인가? 서울인가? 분당인가? 부산인가? 예수님은 대답하신다.

"여인이여, 예배는 장소의 문제가 아니다. 질문 자체가 틀렸다. 장소가 아니라 때가 중요하다."

어디서 예배하는지 예배 장소가 중요한 것이 아니라, 아버지께 예배할 때, 즉 하늘문이 열리는 하나님의 시간, 하나님의 때 '카이로스'가 중요하다. 이 말을 확대하면, 예배는 형식이 아니라 본질이 중요하다는 말이다. 예배는 장소가 아니라 하나님의 임재 여부가 중요하다. 장로교, 성결교, 감리교, 오순절 교단이 중요한 것이 아니라 하나님의 임재가 중요하다.

음향, 주차, 탁아시설, 교육관, 성시교독, 어떤 찬송가와 어떤 찬양을 선곡해야 하는지가 중요한 것이 아니라, "하나님의 때인가?", "하나님의 방법인가?", "하나님의 임재와 영광과 통치가 나타나는가?"가 핵심이다.

이어서 주님은 모든 사람 안에는 예배에 대한 본능이 있다고 말씀하신다.

> 너희는 알지 못하는 것을 예배하고 우리는 아는 것을 예배하노니 이는 구원이 유대인에게서 남이라 요 4:22

모든 사람들은 본능적으로 예배한다. 모든 인간 안에는 근본적으로 예배를 갈망하는 본능, 절대자를 숭배하고, 절대자를 경외하고 싶어 하는 예배의 본능이 있다. 차이가 있다면 어떤 사람은 알지 못하면서 예배하고, 어떤 사람은 알고 예배하는 것뿐이다.

알지 못하는 것을 예배하는 사람을 가리켜 우상숭배자라고 말한다. 믿음의 대상이 하나님이 아닌 모든 예배자들은 우상숭배자이다. 자신은 무신론자라고 하는 사람도 많다. 그러나 무신론자도 예배의 대상이 있다. 바로 자기 자신이다. 그는 무신론자가 아니다. 자기를 하나님으로 여기는 자기숭배자이다. 하늘도 땅도 안 믿고, 사람도 가족도 친구도 믿지 못하는, 오직 자기 자신만을 믿는 자기숭배자일 뿐이다. 자아실현이 자기 목적이고, 자기 행복이 목적인 사람, 즉 자기를 예배하는 사람이다.

자신이 무엇을 예배하며 사는지에 대해 아주 정확히 아는 방법이 있다. 모든 사람들은 자기가 예배하는 대상에 헌신하기 마련이다. 특히 다음 세 가지 영역에 아낌없이 헌신한다.

돈
시간
열정

아까운 돈이 있고, 아깝지 않은 돈이 있다. 아까운 시간이 있고, 전혀 아깝지 않은 시간이 있다. 아까운 열정이 있고, 전혀 아깝지 않은 열정, 즉 과도하게 더 쏟아붓고 싶은 관심과 열정의 대상, 에너지를 쏟고 싶은 대상이 있다. 모든 사람은 자신이 가장 사랑하고, 자신이 가장 아끼는 대상을 향해 돈, 시간, 열정과 에너지를 아낌없이 낭비하고 소비한다.

그런 대상을 향한 헌신은 전혀, 그리고 조금도 아깝지 않다.

영과 진리로 예배하라

1. 예배의 두 요소
이제 예수님은 가장 중요한 예배의 두 가지 핵심을 공개하신다.

아버지께 참되게 예배하는 자들은 영과 진리로 예배할 때가 오나니 곧 이 때라 아버지께서는 자기에게 이렇게 예배하는 자들을 찾으시느니라 하나님은 영이시니 예배하는 자가 영과 진리로 예배할지니라 요 23-24

예수님께서 선언하신 예배의 핵심 자원 두 가지는 '영과 진리'이다. '영과 진리'가 예배에 얼마나 중요한 요소인지를 강조하시기 위해 예수님은 23절, 24절에 두 번이나 이 단어를 반복하신다.

영과 진리는 무엇인가? 영은 생명의 영이신 보혜사 성령님을 의미하고 진리는 말씀을 의미하는데, 곧 말씀이 육신이 되신 예수 그리스도를 의미한다. 즉, 사람이 하나님을 예배할 때, 가장 중요한 요소 두 가지는 내 영과 혼과 육이 성령의 충만함으로 채워지는 것, 예수님을 사랑하고 예수님을 구주로 믿는 믿음이다.

내가 참된 예배자인지 아닌지 분별하는 기준이 나의 예배 안에 성령님의 충만한 임재가 있느냐 하는 것이다. 내 속에 예수 그리스도를 향한 굳건한 믿음이 있는지를 점검하면 된다.

2. 하나님은 예배자들을 찾으신다

하나님은 영과 진리로 예배하는 자들을 찾으신다.

> 아버지께 참되게 예배하는 자들은 영과 진리로 예배할 때가 오나니 곧 이 때라 아버지께서는 자기에게 이렇게 예배하는 자들을 찾으시느니라 요 4:23

"아버지께 참되게 예배하는 자들을 찾으신다"는 말씀은 하나님께서 참 예배자를 찾아내실 뿐만 아니라, 거짓 예배자도 구별해내신다는 말씀이다. 이 말씀 안에는 모두가 예배하고 있으나 모두가 참된 예배자는 아니며, 가짜 예배자, 거짓 예배자도 있다는 경고의 말씀이기도 하다.

하나님께서는 아주 정확하게, 틀림없이 참된 예배자를 찾아내시고, 거짓 예배자를 구별해내신다. 사람은 얼마든지 속일 수 있다. 심지어 자신도 자기 감정에 속는다. 가슴이 뭉클하거나 눈물을 흘리면 자신이 좋은 예배자라고 착각한다. 그러나 예배 때 카타르시스를 경험하고 뭉클함을 경험했다고 해서 좋은 예배자는 아니다. 좋은 예배자는 삶으로 예배하는 예배자이다. 예배를 통해 인격과 성품과 삶의 내용과 질이 달라지며, 하나님을 닮아가는 예배자가 참된 예배자이다.

하나님은 거짓 예배에 결코 속지 않으신다. 하나님은 냉정하고 정확하고 치밀하시다. 예배에 관한 한, 한 치의 양보도 허용하지 않으신다. 하나님은 오직 참된 예배만 받으시며, 오직 참된 예배자들의 경배만 받으신다.

그렇다면 하나님께서는 왜 그렇게 참된 예배자를 찾으시는가? 사랑 때문이다. 하나님이 참된 예배자들을 만나고자 하는 단 한 가지 이유는 사랑이다. 하나님을 참되게 예배하는 사람들을 사랑해주고 싶고, 또한 참되게 예배하는 자들을 통해 사랑을 받고 싶으시기 때문이다. 이 말의 다른 표현이 하나님께서 영광받기 원하신다는 말씀이다.

사랑이 얼마나 소중한지를 아는 사람이라면, 사랑이 얼마나 아름답고, 행복하며, 황홀한 가치인지를 경험한 사람이라면, 왜 하나님께서 사랑을 그토록 원하시는지 충분히 이해할 수 있다. 참사랑을 해보았거나 받아본 사람만이 이 말을 제대로 알아들을 수 있다.

진짜 사랑하는 사람과는 무엇을 해도 좋고, 아무것도 안 해도 그냥 좋다. 자신이 가장 사랑하는 바로 그 사람이 오늘, 지금 나와 함께 존재하는 것만으로도 충분히 행복하고 기쁘다. 사랑하는 그 사람과의 만남 그 자체가 너무 좋기 때문이다. 같은 시간, 같은 장소, 같은 공간 안에서 같은 공기를 마시고, 같은 하늘 아래 살며, 같은 시간대를 함께 살아간다는 사실 그 자체만으로 진짜 행복, 진짜 기쁨 그 자체이다. 이것이 사랑이고, 진짜 예배이다.

예배가 회복된 여인에게 나타난 변화들

수가성 여인은 자신이 그토록 기다렸던 메시아를 지금 눈앞에서 만났기 때문에 바로 그 자리에서, 바로 그 순간에, 즉시 예배를 회복한다.

> 예수께서 이르시되 네게 말하는 내가 그라 하시니라 요 4:26

예배란 하나님과의 만남이고, 예수님과의 만남이며, 성령님과의 만남이다. 그런데 수가성 여인 앞에 바로 그 예수님이 계신다. 이 여인은 지금 예수님을 정면에서 직통으로 만나고 있다. 이런 은혜가 어디 있을까? 이것은 여인의 인생에 다시 없을 최고의 기적이요, 기도 응답이다. 여인은 살아 있는 예수님을 눈앞에서 만남으로 그토록 갈망했던 영과 진리의 예배의 한복판에 서 있다.

예배가 이루어지는 순간이다. 온 인류의 구원자와 죄 많은 한 여인이 충돌하는 거룩한 현장이다. 과연 이 사건 이후 어떤 일이 일어나게 될까? 어떤 변화가 일어났을까? 여인에게 예배가 회복되자 여인의 인생을 흔드는 격렬한 현장이 즉시 펼쳐졌다.

1. 물동이를 버리고

예배가 회복되자 여인이 가장 먼저 한 일은 물동이를 버린 일이었다.

> 여자가 물동이를 버려 두고 동네로 들어가서 사람들에게 이르되
> 요 4:28

'물동이'란 여인이 예수님을 만나기 전까지 집중하던 중요한

일, 생존을 위해 하지 않을 수 없는, 꼭 필요한 해결 과제, 혹은 긴박한 소원 등을 의미한다.

현대인들은 '필요'에 민감하다. '소비'에 민감하고 '쇼핑과 성취'에 민감하다. 세상은 날마다 우리에게 중요하고 꼭 필요한 무엇인가를 취해야 하며, 그것을 가지고 누리고 얻어야 행복할 것이라며 소비 욕구를 강력히 충동한다. 보기만 해도 입안에 군침이 돌게 하는 맛집이 널려 있다. 음식과 요리뿐만이 아니다. 재미있는 볼거리, 흥미진진한 스포츠 경기 직관, 뮤지컬, 오페라, 오케스트라 공연, 격렬한 춤과 음악, 죽기 전에 꼭 가봐야 할 환상적인 여행지, 우리는 그런 물동이를 채우기 위해 온몸을 던지며 치열한 세상 속에서 더 잘 살아남는 경쟁에 몰두한다.

2025년 현재 대한민국은 채우고 또 채워야 할 인생의 물동이들로 가득하다. 그런데 세상의 물동이 채우기에 목숨을 거는 사람들이 모르는 사실이 하나 있다. 예수님 체험이 훨씬 더 매력적이라는 사실이다. 아니, 예수님은 세상이 주는 물동이의 만족과는 비교할 수 없을 만큼 훨씬 더 강력하고 폭발적인 매력과 활력을 주시는 분이다.

사람들이 예수님을 제대로 만나면 아마 정신을 차릴 수 없을 것이다. 여인이 예수님을 만나자마자 가장 먼저 한 일은 물동이를 버린 일이다. 지금 이 여인이 제정신인가? 아니다. 우리도 예수님을 만나고 정신줄을 놓아야 물동이를 버릴 수 있다. 물동이가 소중하지 않아서가 아니다. 물동이는 너무 소중하지만, 지금 물동이와 비교할 수 없는 예수님을 만났기 때문이다.

성경에는 예수님을 인격적으로 만난 사람들, 하나님을 만난 사람들의 공통적인 특징이 등장한다. 아주아주 중요한 무엇인가를 그 자리에 버리게 되는 현상이다. 아브라함은 하나님을 만나자 고향 친척이 있는 갈대아 우르를 떠난다. 베드로는 예수님을 만나자마자 배와 그물과 집과 아버지를 버린다. 사도 바울은 예수님을 만난 후 출신과 학력과 명예와 재산, 그리고 로마 시민권을 포기한다.

목회하면서 하나님을 만나고 나서 술이나 담배를 끊는 분들을 무수히 경험했다. 10년, 20년, 30년 동안 아무리 노력해도 끊어지지 않던 술과 담배를 예수님을 만난 이후로 다시는 입에 대지 않았다는 분들의 체험을 수없이 들었다. 물동이를 버리는 일은 결코 쉽지 않다. 물동이는 내게 너무 소중한 것이다. 오늘 이 물을 길어야 먹고 살 수 있다. 물동이에 내 인생이 걸려 있고, 내 자존심과 내 목숨줄이 달려 있다. 물동이를 버리면 평생 쌓은 공든 탑이 무너져 내릴 것 같은 두려움과 공포가 엄습한다.

그런데 그럼에도 불구하고 내 속 사람 깊은 곳에 예수님이라는 구원자가 임하시는 순간 그렇게 소중한 물동이들을 다 버릴 수 있는 용기가 생겨난다.

한국 교회 목회자들과 성도들을 미혹시키는 중요한 키워드가 있다. 교세와 헌금이다. 교회에 사람이 얼마나 모이는가? 오늘 예배 출석이 몇 명인가? 얼마나 빨리 교회가 부흥했는가? 얼마나 화려한 교회 건물을 지었는가? 헌금 수입이 1년에 얼마인가? 교회 자산 규모가 어느 정도인가? 교회 구독자 수가 몇 명이고, 오늘 예배에 온라인으로 참여한 숫자가 몇 명인가? 아무도 말하지 않지만 모두 궁금해한다.

현대 교인들은 왜 이렇게 출석하는 교회의 교세와 헌금 숫자에 민감한 것일까? 내가 출석하는 교회의 성도, 헌금 액수가 나의 자존심이 되고, 내 믿음의 척도가 되기 때문이다. 교회 자랑이 곧 내 자랑, 내 명예, 내 믿음의 성적표가 된다. 큰 교회, 대형 교회에 출석하면 내 믿음도, 내 헌신도, 내 열정도 그 수준만큼이라고 착각한다. 말로는 아니라고 하지만, 속으로는 모두 동의하는 사실이다. 교회의 외형에 속으면 안 된다고 말하면서도, 모두 숫자에 민감하고 예민하다.

그러나 교회의 본질은 정반대 방향이다. 얼마나 많이 모였고 얼마나 재정이 들어왔느냐가 아니라, 얼마나 많이 비우고 얼마나 버리고, 얼마나 포기하고 희생했는가에 있다. 우리 교인들이 얼마나 많이 세상을 변화시키고 있는가? 얼마나 많은 선교사를 파송했는가? 얼마나 많은 구제와 봉사로 지역사회와 선교지를 섬기고 있는가에 달려 있다.

성도 개인도 마찬가지다. 주신 복, 받은 은혜, 받은 응답을 자랑하는 것도 좋은 믿음이지만, 진짜 간증은 이런 것이다.

나는 예수님을 위해 얼마나 큰 것을 포기했는가?
나는 얼마나 자주 예수님 때문에 내 뜻을 꺾고 있고,
얼마나 내 자존심을 포기하며 살고 있는가?
나는 예수님 때문에 얼마나 많은 야망과
욕심과 욕망을 매일 포기하며 사는가?

나의 영성의 깊이는 포기의 깊이다. 나의 영성의 수준만큼 포기할 수 있다. 나의 영성의 깊이는 희생과 손해와 버림의 깊이이다. 나의 영성의 수준만큼 희생하고 손해보고 버릴 수 있다.

무엇보다 여인이 물동이를 버린 일은 예수님이 시켜서 한 일이 아니라, 스스로 좋아서 자발적으로 행한 일이다. 예수님은 여인에게 물동이를 버리라고 말한 적이 없다. 여인 스스로, 자발적으로, 좋아서 한 행동이다. 이것은 믿음의 자발성, 회개의 자발성, 예배의 자발성, 포기와 내려놓음의 자발성을 대변한다. 여인은 일체의 망설임이나 주저함 없이, 기꺼이, 그리고 기쁘게 스스로 물동이를 버린다.

2. 마을로 들어가서

여인이 예배를 회복한 이후 나타난 변화는 곧바로 마을로 들어갔다는 점이다. 이것은 사람에 대한 여인의 태도와 관점이 완전히 변화되었음을 의미한다.

> 여자가 물동이를 버려 두고 동네로 들어가서 사람들에게 이르되 내가 행한 모든 일을 내게 말한 사람을 와서 보라 이는 그리스도가 아니냐 하니 그들이 동네에서 나와 예수께로 오더라 요 4:28-30

사람에게 관계는 모든 것이다. 사람은 존재 자체가 관계적이다. 사람은 관계라는 토대 위에서 존재한다. 관계 안에서 태어난다. 관계 안에서 자라며 살아간다. 그리고 관계 안에서 죽는다. 관계는 모든 것이다.

하지만 관계를 건강하게 맺는 일은 결코 쉽지 않다. 건강한 관계 맺기가 어려운 이유는 유동성 때문이다. 관계는 수시로 변한다. 매우 급격하게 변하고, 전혀 예측할 수 없게 변한다. 사람 마음처럼 변덕스러운 것이 없다. 어제까지 죽을 만큼 사랑했던 사람과 오늘 죽일듯이 싸우면 오늘부터 원수로 변한다.

반대로 어제까지 원수로 싸우며 지내다가 오늘 용서하고 화해하면, 오늘부터 사랑하는 관계가 된다.

관계의 가장 큰 장점이자 가장 큰 단점이 바로 이 유동성이다. 그래서 건강한 관계를 건강하게 유지하기 위해서는 엄청난 투자와 관리가 필요하다. 날마다 피나는 노력이 필요하고, 엄청난 희생과 적응이 필요하다. 방심했다가는 상처를 준다. 아차 했다가 삐지고 틀어지는데 그 이유를 알 수가 없다. 오해가 발생하고 관계에 금이 가는데 그 시작점이 어디인지 찾아내기가 힘들다.

아무리 피를 나눈 가족일지라도, 오랜 기간 떨어져 있으면 남보다 어색해진다. 매일 집에서 얼굴을 보고 함께 식사를 하지만, 깊은 대화가 없고 각자 다른 세상에 살고 있는 가족들은 익숙함 때문에 더 불편한 관계가 된다. 하지만 오늘 처음 만난 사람인데 마음이 열리고 대화가 열리며 나도 모르게 상처와 아픔을 나누고 위로하면 관계가 급속히 깊어지면서 든든한 동지가 될 수도 있다.

그래서 관계는 항상 오늘, 여기서, 지금이 중요하다. 수가성 여인의 평소 관계성 점수는 평균 이하일 것이다. 여인은 외로웠고, 사람을 피해 다니는 폐쇄적인 사람이었다. '그냥 사람이 싫다. 그래서 혼자가 좋다. 아무도 날 건드리지 않았으면 좋겠다. 사람을 만나느니 차라리 반려동물이 낫다. 겨우 안전하게 세팅해놓은 내 세상에 누군가 침범하는 일 자체가 불쾌하다.'

이렇게 관계에 미숙했던 여인이 예배가 회복되자마자 동네로 들어간다. 동네란 사람들이 많은 장소이다. 사람들을 만날 수 있는 장소이며 사람을 만날 수밖에 없는 장소이다. 여인이 예수님을 만난 후 관계성이 놀랍도록 회복되었음을 발견할 수 있다. 예배가 회복되자마자 사람에 대한 생각과 관점, 사람에 대한 태도가 급격하게 변한 것이다.

예수님을 만나면 사람들과의 관계가 변한다. 예배가 회복되면 가족 관계로부터 시작해서 주변의 모든 관계가 건강하게 변한다. 위로부터 무한히 부어지는 예수님의 사랑과 은혜로 관계를 극복해낼 수 있는 힘과 지혜가 부어졌기 때문이다.

3. 와서 보라 이는 그리스도가 아니냐!

예배가 회복된 여인에게 일어난 세 번째 큰 변화는 예수님이 메시아, 즉 구원자임을 전파하며 사마리아 사람들을 전도했다는 점이다.

여자가 물동이를 버려 두고 동네로 들어가서 사람들에게 이르되 내가 행한 모든 일을 내게 말한 사람을 와서 보라 이는 그리스도

가 아니냐 하니 그들이 동네에서 나와 예수께로 오더라 요 4:28-30

모든 사람 안에는 전도의 본능이 있다. 전도란 "길을 알려준다"라는 뜻이다. 사람 안에는 자신에게 좋은 것을 깨닫거나 발견했거나 체험했을 때 그것을 전달해서 다른 사람도 그 혜택을 누리게 해주고 싶은 본능이 있다. '전도'라는 말은 복음을 전하고 예수 그리스도를 전파한다는 의미의 교회적 용어였으나 언론이나 방송에서 그 개념을 인용하여 사용하기 시작하면서 이제는 대중적인 언어가 되었다. 뭔가 좋은 일을 하고 선한 영향력을 주는 사람들에게 'OO 전도사'라는 호칭을 붙여준다. 이를테면 비타민 전도사, 캠핑 전도사, 러닝 전도사 등 전도사가 일반 명사가 되었다.

그런데 '전도'는 성격상 중요한 특징이 있다. 전도자가 자신이 경험한 진리를 다른 대상에게 전달할 때, 그 경험에 대한 강도가 강할수록, 그 체험을 통해 얻는 결과가 좋을수록, 그 도를 전하는 전도자의 열정과 의지가 함께 강력해져서 상황과 환경을 초월하게 된다는 점이다. 그렇기 때문에 내가 전하는 도를 받아들이면 당연히 감사하다. 그리고 내가 전파한 그 진리를 수용하고 잘 적응해서 전도 대상자의 삶이 변하고, 그가 또 다른 사람을 전도해서 제자가 제자를 낳고, 그 제자가 제자를 낳는 제자도의 원리인 도미노 현상, 팬덤 현상이 일어나기도 한다.

만일 내가 전하는 진리를 상대가 받아들이지 않아도, 도를 전하는 사람의 열정과 에너지가 강력하면, 부정적인 반응에도 불구하고 전혀 실망하거나 낙망하지 않는다. 절대 섭섭해하거나 상처받지 않는다. 그냥 통과한 후 다른 대상, 다른 상대를 목표로 다시 열심히 도를 전달한다.

도무지 절망하는 법이 없다. 절대 실망하거나 낙담하지 않는다. 전혀 불평하거나 포기하는 법이 없다. 왜냐하면 내가 경험한 그 진리와 지식이 내 것으로 이미 체험되고 체득이 되어 내 몸이 되고, 내 삶의 일부가 되어버렸기 때문이다. 이제는 되돌아갈 수가 없다. 내가 경험한 이 진리의 길을 계속 가고 싶고, 가게 될 것이다.

우리는 이런 반응을 수가성 여인에게서 발견할 수 있다. 여인은 오늘 예수님을 만났고, 바로 그 자리에서 예배가 회복되었다. 사람에 대한 상처가 치유되었고, 영혼이 구원을 받았다. 이런 급속한 변화가 일어나자 여인은 지체 없이 물동이를 버리고, 마을로 들어가 사람들에게 구원의 복음을 전한다. 불도저같이 밀어붙인다. 그냥 앞만 보고 직진한다. 전혀 거침이 없다. 그 기세를 누구도 방해할 수 없고, 막아설 수가 없다.

이 대목에서 한 가지 더 중요한 부분이 있다. 여인의 이야기를 들은 사마리아 사람들은 예수님을 직접 만나지 않았음에도 불구하고, 여인의 말을 믿고, 예수를 믿기 위해 예수님 앞으로 나온다는 점이다.

> 내가 행한 모든 일을 내게 말한 사람을 와서 보라 이는 그리스도가 아니냐 하니 그들이 동네에서 나와 예수께로 오더라 요 4:28-29

> 여자의 말이 내가 행한 모든 것을 그가 내게 말하였다 증언하므로 그 동네 중에 많은 사마리아인이 예수를 믿는지라 요 4:39

사마리아 사람들은 전에 예수님을 만난 적이 없고, 얼굴도 이름도 들어본 적이 없다. 그럼에도 불구하고 여인을 통해 예수님에 대한 이야기를 처음 듣고 예수님을 믿겠다고 예수님 앞에 나왔고, 그 자리에서 예수님을 영접한다.

왜일까? 사마리아 사람들은 왜 예수님을 만나지 않고, 여인의 말만 듣고 예수님을 믿게 되었을까? 바로 사마리아 여인 때문이다. 더 정확히 말하면 사마리아 여인의 모습이 이전 모습과 크게 달라졌기 때문이다. 평소 이 여인을 알고 있던 사람들이 금방 알아볼 수 있는 어떤 큰 변화가 여인에게서 감지되었기 때문이다.

지금 여인의 인생 중심에 예수 그리스도가 충만히 살아 계신다. 지금 이 여인은 영과 진리로 예수님을 예배하는 예배자가 되었다. 지금 이 여인은 방금 전 자신이 체험한 그 감격과 기쁨을 전하지 않을 수 없을 만큼 충만하다. 그 모습이 여인의 얼굴과 행동에 고스란히 담겨 있을 것이다.

그래서 나는 감히 이렇게 추론한다. 사마리아 사람들이 여인의 말을 듣고 예수님을 믿게 된 가장 결정적인 이유는 여인의 모습 속에 나타난 예수님의 형상 때문일 것이라고 말이다. 나는 이 현상을 '예배의 전이 현상'이라고 부른다. 예수 그리스도를 통해 예배가 회복된 예배자를 통해 생명이 흐르고, 복음이 흐르고, 믿음이 흐르고, 생기가 흘러가게 되는 것이다.

사마리아 사람들은 예수님을 직접 만나지는 않았다. 하지만 그들은 이미 여인 안에 임재해 계신 예수님, 여인의 새로운 영 안에 충만하게 거하신 예수님의 임재를 보았고, 그 여인을 통해 예수님을 믿은 후, 예수님을 직접 만나기 위해 다시 예수님 앞으로 달려 나온다. 그렇다면 이와 동일한 예배의 원리가 내 삶에도 충분히 일어날 수 있다. 내가 예수님을 깊이 예배하면, 내 안에 예수님의 충만한 임재가 임하고, 다른 사람들도 그런 나를 보고, 내 안에 살아 계신 예수님을 만날 수 있다.

사마리아 여인 자체가 복음은 아니다. 당연히 여인이 구원을 줄 수 있는 구원자도 아니다. 여인이 구원일 리가 없다. 목사나 설교자도 복음이 아니다. 설교자도 죄인이고, 목회자도 말할 수 없는 죄인이다. 죄인은 죄인을 구원할 능력이 없다. 그러나 죄인인 내가 예수님을 믿으면, 그래서 내 안에 예배가 회복되면, 예수의 구원이 내게 임하고, 예수의 은혜가 내게 임할 뿐만 아니라, 그 구원과 은혜를 흘려보내는 통로 역할을 할 수 있게 된다. 오늘 예배를 통해 내가 예수님을 만나서 내가 살아나면, 예수의 생명이 내 안에 거하게 되고, 그 생명이 나의 영혼육에 흐르게 된다.

내 몸을 가득 채운 충만한 예수님의 생명은 내 몸의 용량을 초과해서 흘러넘치기 시작한다. 그 차고 넘치는 생명의 기운이 사방으로 뻗어 나가 다른 사람들의 심중에 닿으면 그들의 인생 역시 살아나고 일어나서 거룩한 예배자가 될 것이다. 죄인임에도 불구하고 우리는 누구보다 하나님께서 필요로 하시는 구원의 통로, 생명의 통로, 복음의 통로가 될 수 있다.

예배의 회복이 가져오는 폭발적 연쇄 반응

마지막으로, 예수님은 수가성 여인을 통해 사마리아 땅에 복음을 확장하신다.

> 여자의 말이 내가 행한 모든 것을 그가 내게 말하였다 증언하므로 그 동네 중에 많은 사마리아인이 예수를 믿는지라 요 4:39

사마리아 땅은 유대인들과 단절된 절망의 땅이고, 소외의 땅이다. 그래서 유대 땅과 붙어 있음에도 예배로부터 소외되었고, 말씀과 복음으로부터 소외된 최악의 위치에 있었다. 그런데 인생의 어둡고 긴 터널을 지나던 한 여인을 통해 사마리아 지역에 복음이 전해지게 된다.

죽어가던 땅, 어둠의 도시가 살아서 꿈틀대기 시작한다. 이 변화의 중심에 예수님을 만난 한 여인이 있다. 이 변화의 중심에 예배가 회복된 한 여인이 있다. 오늘부터 이 여인의 인생에는 완전히 새로운 길이 열리고, 오늘부터 사마리아 땅은 전혀 새로운 복음의 도시가 된다.

누가 뭐래도 여인은 이미 자발적 복음 전도자가 되어 있다. 여인은 사마리아인들에게 예수 그리스도의 복음을 전한 최초의 전도자가 된다. 여인을 통해 복음을 받은 사마리아 땅은 구원의 불길이 거침없이 번져간다.

한 사람 안에 있던 예수의 불, 예배의 불, 말씀의 불이 타오르기 시작했기 때문이다. 이것이 바로 예배의 힘이다. 이것이 바로 예배자 한 사람의 힘이다.

예배는 하나님과의 만남이다. 만남은 사건을 일으키고, 사건은 변화를 일으킨다. 그 만남과 변화의 강도가 크면 클수록 그 후폭풍도 커지고 거대해진다.

복음에는 연쇄 반응이 일어난다. 은혜의 연쇄 반응, 예배의 연쇄 반응, 치유의 연쇄 반응, 기적의 연쇄 반응, 그 복음은 멈추지 않고 계속해서 주변에 생명을 뿜어낸다. 사방에 영향력을 주어 주변에 퍼져나간다.

예배자 한 사람이 변하면 한 가족이 변한다. 예배자 한 사람이 변하면 한 동네가 변한다. 예배자 한 사람이 변하면 한 도시도 변화할 수 있다. 예배자 한 사람이 변하면 한 나라가 변하고, 민족이 변할 수 있다.

물론 그 한 사람은 예수 그리스도로부터 시작된다. 그리고 그 예수 그리스도를 만난 '나'로부터 시작한다. 다른 사람이 아니다. 나여야만 한다. 내가 그 사람이다.

그리고 정말 '나'로부터 시작했으면 좋겠다. 오늘부터, 지금부터 시작했으면 좋겠다. 오늘이 내 예배가 새롭게 시작되고 새로워지는 바로 그 날이 되었으면 좋겠다.

10

사랑하라 그리고 예배하라

다시, 예배란 무엇인가?

영화감독은 자신이 제작한 영화를 통해 세상에 제시하고 싶은 사상, 가치관, 관점, 인생관, 취향, 생각 등을 담은 메시지를 던진다. 음악가, 미술가, 학자, 문학가들 역시 자신의 생각을 표현해낸다. 비단 이런 직종에 종사하는 사람들만이 아니다. 의사, 건축가, 패션 디자이너 등 각계 각 분야의 전문직 종사자들은 자신의 전문 분야를 통해 자신들만의 방법과 도구를 사용하여 세상에 전하고자 하는 메시지와 에너지를 방출한다.

그렇다면 예수를 믿는 그리스도인들은 무엇으로, 대체 어떻게 그리스도인다움을 세상에 표출할 수 있을까? 그리스도인들이 자신의 그리스도인 됨을 가장 잘 드러내는 도구와 방법은 과연 무엇일까? 말할 것도 없이 그것은 '예배'이다. 자신이 현재 어떤 예배를 드리고 있는지가 자기 믿음의 현주소이다. 지금 내가 어떤 예배를 드리며, 어떻게 하나님을 만나고 있는지가 내 신앙의 실체이자 영성의 수준이다.

예배란 무엇인가? 예배는 하나님과의 만남이며, 또 사람이 존재하는 존재 목적이자 피조된 이유이다. 사람이 하나님을 영화롭게 하기 위해 존재한다는 말은 사람은 예배하기 위해 창조된 존재라는 뜻이다. 그래서 예배는 장소를 불문한다. 예배는 시간을 불문한다. 예배는 대상을 불문한다. 예배는 형식을 불문한다. 하나님을 만나는 것이 가장 중요한 예배의 본질이다.

예배는 형식과 방법, 교파와 교리를 뛰어넘어 하나님을 만나는 엄청나고 초월적인 사건이다. 그래서 주일예배에 정기적으로 참석했다고 해서, 십일조를 드리고, 주차봉사를 하고, 성가대에서 찬양을 하고, 설교와 축도가 있다고 해서 예배일 수 없다. 지난 주에 예배드렸다고 해서, 어제 예배를 잘 드렸다고 해서, 오늘의 예배가 보장된다고 할 수 없다.

예배는 오늘, 그리고 지금 여기에서 하나님을 만나는 것이다. 내가 지금 여기서 하나님을 만나고 있어야 한다. 이 만남은 지금뿐 아니라 지속적으로 계속 진행되어야 한다. 하나님께서 그 일을 원하시기 때문이다. 하나님께서 지금 나를 통해 예배받기를 정말 원하신다. 하나님은 예배를 갈망하시며 참된 예배와 예배자를 찾고 계신다. 그래서 지금 내가 그렇게 예배하기를 원하신다. 바로 지금 말이다.

영적 전쟁이란 예배 전쟁이다

그렇기 때문에 사탄은 나의 예배를 끊임없이 방해한다. 사탄의 목적은 단 하나다. 하나님과 사람이 만나지 못하는 것이다. 하나님과 사람 사이의 균열과 단절이다. 사탄이 원하는 모든 일의 목적은 바로 이것이다. 하나님으로부터 사람을 분리시키는 일이다. 그래서 사탄은 치열하고 지독하게 나의 예배를 방해한다.

사탄의 예배 방해는 장소를 불문한다. 거리, 학교, 직장, 가정, 교회, 주일예배 장소에 관계 없이 사탄은 어디서든지 예배를 방해한다. 어디서든지 나에게 침투해 나의 예배를 망치고 싶어 한다.

사탄의 예배 방해는 시간을 불문한다. 아침, 점심, 저녁, 밤, 새벽, 월요일, 주일이든 관계없이 언제든지 나를 유혹하여 예배를 방해한다. 심지어 예배 중에도 방해한다.

사탄의 예배 방해는 대상을 불문한다. 사탄은 누구든지 공격한다. 빈부귀천, 남녀노소를 따지지 않는다. 사탄은 대상을 가리지 않고 공격하여 예배를 방해한다.

사탄의 예배 방해는 형식과 방법을 불문한다. 사탄의 유일한 목적은 오직 하나다. 사탄은 하나님과 사람을 떨어뜨릴 수만 있다면, 방법은 그 어떤 것도 괜찮다. 사탄의 유일한 관심은 그 사람이 올바른 예배자인가 하는 것이며, 그의 목적은 오직 하나, 예배를 방해하는 것이다. 그래서 자신이 할 수 있는 힘과 방법을 총동원해 예배자들의 예배를 방해한다. 그의 목적은 오직 하나, 그 사람의 예배를 방해하는 것이다. 사탄은 이 목적만 달성할 수 있다면, 무슨 짓이든 다 한다.

그에게 포기란 없다. 낙망과 좌절도 없다. 그는 자신의 목표와 해야 할 일을 정확히 알고 있고, 그 일을 어떻게 해야 하는지도 잘 알고 있다. 무섭도록 사람들에게 집착하며, 수단과 방법을 가리지 않고 사람을 죽이기 위해 달려든다. 예배자의 신령한 예배가 멈추게 되면 이 모든 공격이 가능해지기 때문이다.

영적 전쟁이란, 곧 예배 전쟁이다. 나의 믿음의 승패, 인생의 승패는 예배에 달려 있다. 예배하느냐 못하느냐, 하나님을 만나느냐 만나지 못 하느냐, 그분의 음성을 듣고 순종하느냐 아니냐, 하나님을 예배하느냐, 나 자신을 예배하느냐, 세상을 예배하느냐, 오직 그것이 문제이다.

내가 분명히 아는 것은 하나님이 예배를 원하신다는 것이다. 그것도 간절히 대단히 열렬히 원하신다. 그래서 하나님은 결국 나의 예배를 기필코 받으실 것이다. 내가 예배하기로 결단하고 예배를 위해 전심전력할 각오를 보인다면 나의 예배를 방해할 수 있는 존재는 없다. 위대한 하나님을 만나는 이 영적인 사건을 방해할 수 있는 존재는 이 땅에 없기 때문이다. 사탄이 아무리 강하고 집요해도, 사탄이 아무리 능수능란해도 하나님께서 원하시는 예배자의 예배를 결코 막을 수 없다. 그래서 나는 오늘도 예배할 수 있다. 그러니 안심하라! 우리는 기꺼이 예배드릴 수 있고, 충분히 예배드릴 수 있으며, 기쁨과 승리와 감사와 눈물의 예배로 나의 인생 여정을 이어나갈 수 있다.

예수 그리스도의 십자가 예배

사람이 드릴 수 있는 최고의 예배란 무엇인가? 하나님이 가장 기뻐 받으시는 최상의 예배란 무엇인가? 지금까지 살면서 경험한 최고의 예배의 순간, 지금까지 드려온 수백수천 번의 예배 가운데 하나님께서 가장 기뻐하셨을 예배, 생에 결코 잊을 수 없는 가장 감동적인 예배의 경험은 무엇인가? 또한 성경에 등장하는 수많은 예배들 가운데, 과연 어떤 예배를 최고로 꼽겠는가? 성경에 나타난 최고 최상의 예배는 어떤 예배라고 생각하는가?

에덴에서 쫓겨난 타락한 인간이, 믿음으로 첫 소산을 드린

아벨의 제사는 무척 감동적이다. 아브라함이 모리아 산에서 이삭을 드린 믿음의 절정인 예배는 극찬할 수 있는 예배이다. 베델과 브니엘에서 드린 야곱의 제사 역시 천국의 예배였다.

홍해를 가르고, 애굽의 말과 적군을 무찌르신 여호와의 권능을 찬양한 모세와 미리암의 예배 역시 민족을 태동시키고 역사에 길이 남을 위대한 예배였다. 850대 1로 바알과 아세라 선지자들과 싸운 엘리야의 제단 역시 하늘을 향한 간곡한 예배였으며, 오벳에돔의 집에서부터 여섯 걸음마다 황소를 잡으며, 법궤를 옮긴 예배, 다윗이 장막에서 하나님께 드린 예배 역시 최고의 땀과 눈물과 정성과 희생의 예배라고 할 수 있다.

이뿐만이 아니다. 홍수 심판 이후 신인류가 드린 노아의 첫 예배, 오순절 마가의 다락방에 성령이 임한 예배, 바울과 실라가 지하 감옥에서 땅을 진동시키며 드린 예배, 성경에 등장하는 수많은 예배들은 모두 최고의 예배이며, 최상의 예배이다.

그러나 성경에 등장하는 최고의 예배, 최상의 예배, 누구도 부인할 수 없는 최고의 예배는 예수 그리스도가 십자가에 못박히심으로 드린 예수 그리스도의 십자가 예배이다.

인류 역사상 최고의 존재인 예수, 아니 온 우주의 주인 되신 성자 예수님께서 하나님 아버지를 향해 드린 십자가 예배를 나는 감히 최고의 예배, 최상의 예배라고 단정하고 싶다. 십자가는 분명히 예배이다. 그리고 진짜 예배였다.

온 인류를 향한 하나님의 구원 계획에 응답하시고자 하나님의 뜻을 이룬 가장 위대한 예배 사건, 그것이 바로 십자가 예배이다. 거기에는 찬송이 없고, 장로님의 대표기도가 없고, 성가대의 특순도 없다. 성경 봉독도, 설교도, 축도도 없었다. 그러나 그것은 진정한 예배였다. 예수 그리스도께서 십자가에서 하나님 아버지를 만나셨기 때문이다. '하나님과의 만남' 바로 이것이 예배의 본질이기 때문이다.

최상의 예배, 최고의 사랑

십자가에서 예수는 하나님 아버지를 만나셨을 뿐만 아니라, 거룩하신 하나님의 뜻을 완성하신다. 십자가에서 예수는 처절히 고통받고 물과 피를 쏟으시며, 모든 인류의 죄를 대속하심으로 하나님 아버지의 뜻을 성취하며 그분의 이름을 찬양한다. 그리고 십자가에서 예수는 죽으심으로 온 인류를 향한 구원을 완성하심으로써 하나님 아버지를 가장 기쁘시게 해드렸다. 하나님께서 가장 원하셨던 하나님의 뜻을, 하나님께서 가장 기뻐하시는 하나님의 방법에 순종하심으로써, 하나님이 그토록 오래 간절히 염원하셨던 인류 구원의 영광을 완성해내셨다.

그렇다면 십자가라는 최고의 예배를 드리신 그 예배의 내용은 무엇일까? 무엇이? 어떻게? 그리고 왜? 예수님은 인류 역사상 가장 최고의 예배, 그리고 최상의 예배를 드릴 수 있었는가? 대답은 간단하다. '사랑' 때문이다. 예수 그리스도가 '십자가'라는 최고의 예배를 드릴 수 있었던 이유와 원인은 사랑 때문이다.

예수 그리스도는 하나님을 누구보다 사랑하셨다. 그래서 하나님이 원하셨던 바로 그 일을 행하셨다. 아버지의 뜻에 순종했다. 하나님 아버지를 사랑하셨기 때문이다. 또한 예수 그리스도는 누구보다 인간을 사랑했다. 그래서 기꺼이, 그리고 기쁘게 사랑하는 사람들을 구원하시기 위해 십자가를 지셨다. 맥스 루케이도 목사는 그의 《예수가 선택한 십자가》라는 책에서 예수 그리스도의 사랑을 이렇게 표현했다.

"예수님을 십자가에 매달리게 한 것은 못이 아니다. 그것은 사랑이다."

예수 그리스도가 십자가상의 최고의 예배를 드릴 수 있었던 이유는, 성경을 대표하는 핵심 메시지인 "네 마음을 다하고 목숨을 다하고 뜻을 다하고 힘을 다하여 주 너의 하나님을 사랑하라"는 계명에 순종하셨기 때문이다. 하나님의 뜻을 온전히 이룬 예배, 성경 66권의 말씀이 이루어진 바로 그 예배, 주님은 그의 삶으로 우리에게 예배의 본을 보여주셨다.

사랑이란 최고의 가치이며, 최고의 율법이고, 최고의 말씀이며, 최고의 삶이다. 최고의 예배이며, 최고의 믿음이며, 최고의 신앙이다. 역사를 통해 지구상에 살아갔던 모든 인류가 공통으로 추구하고 인정하는 가장 선한 가치이다.

진정한 예배자는 사랑의 실행자다

긴 예배의 여정을 마무리하며 나 자신에게 질문해본다. 나는 참된 예배자인가? 영과 진리의 참된 예배자가 되려면 어떻게 해야 하는가? 결론은 "사랑하라!"이다. 그렇다. 사랑이 예배의 결론이다. 사랑할 때, 최고의 예배자, 최상의 예배자가 될 수 있다. 나를 죽일 만큼 하나님을 사랑할 때, 내가 죽을 수 있을 만큼 사랑하는 사람을 사랑할 때 그 일이 가능해진다.

나는 나의 자녀를 사랑하므로 최고의 예배자 아버지, 최고의 예배자 어머니가 될 수 있다. 직장 동료를 사랑하므로 최고의 예배자 직장인이 될 수 있다. 내게 주어진 환자를 사랑하므로 최고의 예배자 의사가 될 수 있다. 내 연주를 듣기 위해 공연장을 찾아준 관객들을 사랑하므로 최고의 예배자 음악인, 연극인이 될 수 있다.

예수 그리스도께서 자기를 비워 종의 형체로 죽기까지 복종하셨듯이, 나를 죽여 내 형제를 사랑하는 그 사랑을 행할 때, 나의 직업, 신분, 나이, 배경을 초월하여 나는 하나님이 인정하시는 최고의 예배자가 될 수 있다.

천국에서 주님은 우리를 그렇게 평가하실 것이다. 이 땅에서 잘 살았는지, 바르게 살았는지, 말씀 안에 살았는지, 예배자로 살았는지 물으실 것이다. 이때 딱 한 가지 질문이면 족하다.

"네가 나를 사랑하느냐?"

디베랴 바닷가에서 베드로에게 물으셨던, 주님의 그 질문은 오늘 우리에게도 동일하게 반복될 것이다. 우리 인생의 결론은 이 한마디 질문에 대한 대답이 되어야 한다.

"네, 주님! 제가 주님을 사랑한다는 것을 주께서 아십니다!"

그 언젠가 하늘로 들림 받아 주님 앞에 서는 그 날에, 예수님께 이렇게 대답할 수 있으려면, 내 인생의 남은 날 동안, 나의 피, 나의 시간, 나의 눈물, 나의 무릎을 드려 예수 그리스도를 사랑하며, 영원한 삶의 주인으로 동행하며, 그분을 예배해야 한다.

나는 내가 드리는 매일의 예배가 최상의, 그리고 최고의 예배가 되기를 기도한다. 나는 내가 드리는 예배의 현장, 바로 그 자리마다 하늘문이 열려 주의 사랑이 폭포수처럼 쏟아 부어지기를 간절히 기도한다. 나는 내가 예배드리는 예배의 현장마다 생기가 사방에서 불어와 살게 하는 역사가 일어나기를 기도한다.

나는 내가 예배드리는 예배의 현장에서 더러운 귀신이 떠나가고, 악한 자들이 회개하며, 죽어가던 자들이 다시 살아나고, 질병과 고통이 치유되며, 갇히고 상하고 억눌린 영혼들이 풀려나고 살아나기를 기도한다.

세상이 빼앗을 수 없는, 세상이 흉내낼 수 없는 사랑의 기쁨과 열매, 세상이 감당할 수 없는 사랑의 풍성함이 예배 속에 풍성히 임하는 참된 예배자가 되기를 진심으로 기도한다.

예수님을 사랑함으로, 예수님께서 내게 연결해주신 예수님의 사람들을 성실히 사랑하여 삶으로 최고 중의 최고, 최상 중의 최상의 예배를 드릴 수 있는 신실한 예배자가 될 수 있기를 진심으로 바라고 소망한다.

예배가 답이다

초판 1쇄 발행	2025년 9월 5일
지은이	공진수
펴낸이	여진구
책임편집	안수경 김도연
편집	이영주 최현수 구주은 김아진 배예담
책임디자인	노지현 ǀ 마영애 조은혜 정은혜 남은진
홍보 · 외서	진효지
마케팅	김상순 강성민
마케팅지원	최영배 정나영
제작	조영석 허병용
경영지원	김혜경 김경희

303비전성경암송학교 유니게 과정
이슬비전도학교 / 303비전성경암송학교 / 303비전꿈나무장학회

펴낸곳　규장

주소 06770 서울시 서초구 매헌로 16길 20(양재2동) 규장선교센터
전화 02)578-0003　　팩스 02)578-7332
이메일 kyujang0691@gmail.com　　홈페이지 www.kyujang.com
페이스북 facebook.com/kyujangbook　　인스타그램 instagram.com/kyujang_com
카카오스토리 story.kakao.com/kyujangbook
등록번호 1922-2461
since 1978.08.14

ⓒ 저자와의 협약 아래 인지는 생략되었습니다.
이 출판물은 저작권법에 의해 보호를 받는 저작물이므로 무단 전재와 무단 복제를 할 수 없습니다.

책값 뒤표지에 있습니다.
ISBN 979-11-6504-651-4 03230

규ǀ장ǀ수ǀ칙

1. 기도로 기획하고 기도로 제작한다.
2. 오직 그리스도의 성품을 사모하는 독자가 원하고 필요로 하는 책만을 출판한다.
3. 한 활자 한 문장에 온 정성을 쏟는다.
4. 성실과 정확을 생명으로 삼고 일한다.
5. 긍정적이며 적극적인 신앙과 신행일치에의 안내자의 사명을 다한다.
6. 충고와 조언을 항상 감사로 경청한다.
7. 지상목표는 문서선교에 있다.

하나님을 사랑하는 자 곧 그의 뜻대로 부르심을 입은 자들에게는 모든 것이 合力하여 善을 이루느니라(롬 8:28)

Member of the
Evangelical Christian
Publishers Association

규장은 문서를 통해 복음전파와 신앙교육에 주력하는 국제적 출판사들의
협의체인 복음주의출판협회(E.C.P.A:Evangelical Christian Publishers
Association)의 출판정신에 동참하는 회원(Associate Member)입니다.